MÉMOIRE

SUR

L'ŒDÈME SQUIRRHODE.

ÉVERAT, IMPRIMEUR,
rue du Cadran, n° 16.

MÉMOIRE

SUR

L'ŒDÈME SQUIRRHODE;

AVEC

DES RÉFLEXIONS CRITIQUES SUR L'ÉTAT ACTUEL
DE LA MÉDECINE EN FRANCE,

ET SUR

L'USAGE DES EAUX THERMALES DE PLOMBIÈRES POUR LA GUÉRISON DES
MALADIES CHRONIQUES;

PAR J.-B. DEMANGEON,

Docteur en Philosophie et en Médecine, Membre de l'Académie royale
de Médecine de Paris, de la Société de Médecine de la même
ville et de plusieurs autres Sociétés savantes.

PARIS,
ROUEN FRÈRES, LIBRAIRES-ÉDITEURS,
RUE DE L'ÉCOLE DE MÉDECINE, N° 13.
BRUXELLES,
AU DÉPOT DE LA LIBRAIRIE MÉDICALE FRANÇAISE.

1830.

MÉMOIRE

SUR

L'ŒDÈME SQUIRRHODE

OU LYMPHATIQUE.

Madame Okennedy, âgée d'environ 60 ans, bien constituée et douée d'embonpoint, me consulta, le 29 de novembre 1814, pour un malaise général, avec quelques nausées rares, langue très-chargée, haleine forte, dégoût, principalement pour la viande, mal de tête, plus senti sur le front qu'ailleurs, lassitudes, insomnie, pouls faible, peau chaude, soif modérée, et fréquentes bouffées de chaleur, sans être alitée. Elle arrivait de la campagne, où elle me dit qu'elle avait eu, un mois auparavant, une apoplexie pour laquelle on lui avait prescrit un vomitif, qui l'avait soulagée, puis fait appliquer six sangsues à l'anus; mais que cela ne l'avait pas guérie entièrement, et que, depuis ce moment, elle était restée malade. Je lui avais déjà donné mes soins à différentes époques pour des embarras des premières voies, auxquels elle était sujette.

Dans son état actuel, le mal de tête ne me parut que sympathique, et trouvant les premières voies en souffrance et plus particulièrement affectées par la pléthore humorale, je lui prescrivis pour tisane une décoction d'oseille, de chicorée, de poirée et de cerfeuil, dans suffisante quantité d'eau, avec addition d'un peu de beurre frais et de sel, c'est-à-dire le bouillon aux herbes ordinaire, et une once de sulfate de magnésie avec un demi-grain de tartrate antimonié de potasse, à prendre le lendemain matin dans la première tasse de ce bouillon. Il en résulta des vomissemens copieux d'une bile poracée, et environ une douzaine de garde-robes très-fétides et brunâtres. La malade dormit tranquillement la nuit suivante, et pour la première fois depuis un mois.

Le 1er décembre, tous les symptômes étaient notablement adoucis; cependant la langue était toujours chargée, l'appétit encore presque nul, la peau chaude, la soif un peu plus prononcée que la veille, parce que la malade avait cessé de boire après l'effet de son éméto-cathartique. Je lui conseillai de boire de la limonade, et lui prescrivis un gros de rhubarbe de la Chine, autant de sulfate de potasse, et un demi-gros d'écorce de cascarille, le tout en poudre, mêlé et divisé en cinq paquets, pour en prendre un enveloppé dans une hostie mouillée, chaque soir en se couchant.

Le 2 et le 3, elle fut à peu près dans le même état, et n'eut de garde-robe que par lavement. Ayant examiné ses poudres, je crus y reconnaître le rhapontic ou la rhubarbe indigène, encore de mode alors, et j'engageai la malade à faire exécuter la même ordonnance dans une autre pharmacie. Les nouvelles poudres, composées d'après la même ordonnance, la purgèrent plusieurs fois par jour, et la malade allait de mieux en mieux, ce qui prouve que la réputation du médecin, et la guérison des malades, dépenbent non-seulement de la docilité de ceux-ci, mais aussi en partie de l'exactitude et de la fidélité des pharmaciens dans beaucoup de cas, de la ponctualité des garde-malades, et du discernement des assistans, comme l'a signalé Hippocrate dans son premier aphorisme. C'est en cela surtout que l'expérience est trompeuse et le jugement difficile. Etant allé voir la malade le 6, j'appris de madame Maurin, sa fille, chez qui elle logeait, passage

Saulnier, n° 4, que se trouvant bien, elle était sortie pour faire des visites.

Je ne la revis que le 8, et alors elle me dit qu'ayant eu à sortir tous les jours, elle s'était refroidie et enrhumée depuis la veille; qu'elle avait moins d'appétit, la tête plus lourde que les jours précédens; sa langue était très-chargée. Prévoyant la chronicité de sa maladie, et voulant ménager ses forces, tout en combattant la pléthore humorale que, d'après l'adage *a juvantibus et lædentibus fit indicatio*, l'on ne pouvait plus révoquer en doute comme cause, je lui prescrivis du bouillon ordinaire coupé, et la décoction d'une once de quinquina jaune écrasé, dans une livre d'eau, à réduire à dix onces, avec addition, en retirant du feu, de deux onces de manne, d'une once de feuilles de séné, et d'un gros d'écorce de cascarille, celle-ci comme correctif de l'arome du séné et de la manne, dont la colature devait être prise à la dose d'une tasse de cinq cuillerées chaque matin. Le 9, la malade, très-négligente à se soigner, ne prit rien. Se trouvant plus mal, elle se détermina à faire préparer son apozème pour le 10; mais elle n'en prit que cinq demi-cuillerées une à une. Voyant, à ma visite, qu'elle n'en avait pas pris assez, je lui en fis reprendre deux cuillerées très-pleines dans une tasse. Il en résulta huit selles glaireuses, sans coliques.

Le 11, la malade ne se trouve pas mieux; elle a mal dormi, se plaint de douleurs à la tête, qu'elle dit être pesante et brouillée; son haleine est très-fétide, sa langue chargée, et elle manque totalement d'appétit. Je lui prescris cinq cuillerées du même apozème pour le lendemain, et il en résulte encore d'abondantes évacuations alvines, sans fatigue ni douleurs d'entrailles.

Le 13, la malade se sent la tête plus légère et bien dégagée; les autres symptômes subsistent.

Le 14, elle prend les cinq dernières cuillerées du même apozème, avec un résultat pareil.

Le 15, la malade n'a plus de mal de tête; le sommeil est bien revenu, elle n'a plus de dégoût, son teint est plus clair, les vibrations du pouls sont plus franches et régulières, mais la langue reste chargée. Je la remets à l'usage des poudres précédentes, et je ne retourne la voir que le 18. Elle n'a rien pris, sous prétexte qu'elle va bien, quoique la langue soit toujours couverte d'un enduit blanc-jaunâtre. J'insiste sur la même prescription, et vais la voir le 22. Elle est absente, et sa fille me dit qu'elle va bien.

J'ai cru devoir insister sur ces détails, parce qu'on y trouve les antécédens, et en quelque sorte les prodromes d'une autre affection qui va commencer, et à laquelle la malade a succombé dans l'automne de l'année suivante.

Ayant revu la malade par hasard, le 4 janvier 1815, j'apprends qu'elle s'est fatiguée par des visites du nouvel an, qu'elle a le sommeil profond, le bras droit lourd, peu d'appétit, et je lui trouve encore l'haleine fétide, la langue chargée, le pouls lent et faible. Je lui conseille deux pilules *ante cibum*, chacune de six grains à dîner chaque jour.

Le 11 janvier, où je la revois, elle me dit que les pilules l'ont beaucoup purgée, et qu'elle va mieux; cependant elle a encore le bras lourd et engourdi; la tête pesante, et parfois le yeux rouges. Je lui prescris seize sangsues aux pieds, et l'engage à revenir ensuite à l'usage des mêmes pilules. Le 14, la malade n'avait encore rien fait, et se trouvait dans le même état. Je lui réitère les mêmes prescriptions, et, mécontent de son indocilité, je ne retourne plus la voir.

Le 20, elle me fait demander. Les sangsues ont été appliquées, mais elle n'a point pris de pilules, et elle paraît s'être encore refroidie. La mamelle et le bras du côté droit sont tuméfiés, avec une induration de la peau, telle qu'une application forte du doigt n'y laisse aucune empreinte. Elle a moins mal à la tête, mais sa langue est couverte d'un enduit blanc, et elle manque d'appétit. Je lui prescris de nouveau les mêmes pilules, des frictions sèches avec un morceau de flanelle, une infusion de fleurs de sureau, principalement pour se coucher, et des précautions contre le froid.

Le 23, le bras est moins enflé et moins dur, mais la mamelle l'est autant, et la malade y éprouve, par intervalles, des traits fugaces de douleurs très-vives, qui répondent aux glandes axillaires du même côté. Elle me raconte qu'à l'âge de 15 ans elle avait eu le même mal, avec un sein très-engorgé et si douloureux, que son père, médecin à Besançon, en avait jugé l'amputation nécessaire, mais que le professeur Chaussier l'avait guérie sans opération, par des bains et des pillules de Bellostes. Il y a toujours avec cela anorexie, langue très-chargée et haleine insupportable. Je lui prescris une médecine ordinaire, c'est-à-dire deux onces de manne, trois gros de sulfate de soude, deux gros de feuilles de séné et un scrupule de coriandre, en infusion dans quatre onces d'eau bouillante, pour en prendre la colature tiède le lendemain matin; du bouillon de veau maigre avec oseille et cerfeuil, pour boisson; et un liniment où entraient deux gros de camphre, trois gros de calomel, une demi-once d'extrait d'opium, rendu liquide par suffisante quantité de laudanum, et une once et demie d'axonge, pour en frotter la grosseur d'une noisette trois fois par jour.

Le lendemain 25, à ma visite, elle me dit

qu'elle avait été purgée la veille tout le jour, que ses selles étaient jaunes, qu'elle souffrait moins du sein, et je le trouvai aussi moins dur et moins gros. Deux pilules *ante cibum*.

Le 27, les douleurs du sein et des glandes axillaires étaient encore vives, quoique le gonflement n'en fût pas augmenté; mais le dégel avait lieu, et la malade avait souvent éprouvé des douleurs vagues de rhumatisme. La langue était toujours couverte d'un enduit blanc, l'haleine mauvaise, et l'appétit nul. Mêmes prescriptions que le 23.

Le 29, la malade est mieux, après avoir eu la veille un grand nombre de selles jaunes-noirâtres; elle ne souffre presque plus du sein, qui a diminué de volume. On y sent sous les doigts beaucoup de petites glandes, qu'elle n'avait d'abord pas remarquées. Je lui prescris un gros de poudre de scille maritime, un demi-gros de calomel, et suffisante quantité d'extrait de marrube blanc, pour former dix-huit pilules roulées dans de la poudre de réglisse, dont la malade prendra une quatre fois par jour, à la distance de deux ou trois heures l'une de l'autre, et de préférence la nuit, parce qu'elles provoquent un peu au sommeil, et que de jour elles contrarieraient l'usage des alimens. Je lui fais d'ailleurs continuer le liniment et reprendre la limonade, qu'elle appète et préfère à toute autre tisane.

Le 31 janvier, le mieux est encore plus marqué. Les trois premières pilules ayant produit des évacuations alvines très-abondantes, la malade en a réduit la dose à deux seulement. Je la remets à quatre par jour.

Le 2 février, s'étant refroidie, elle a les gencives rouges et gonflées, un commencement de salivation avec nausées, et ne se plaint plus de l'aisselle ni de la mamelle, qui est bien désenflée. Je lui prescris, pour le même jour, deux grains d'émétique en lavage dans 4 tasses de bouillon aux herbes, une de quart d'heure en quart d'heure, et pour gargarisme, une infusion de sauge officinale édulcorée avec le sirop de mûres.

Le 3, la malade me dit qu'un seul grain d'émétique ayant suffi pour la faire vomir beaucoup, elle n'a pas pris le second; que d'ailleurs elle a bien dormi, et que sa bouche est en beaucoup meilleur état. Même gargarisme.

Le 5, elle me dit ne plus éprouver de douleur à l'aisselle ni à la mamelle, qui est ramollie et à peu près réduite à son volume naturel. Mais elle a la bouche échauffée, les gencives rouges et gonflées, la langue blanche et bosselée, l'haleine très-forte et repoussante. Même gargarisme alternativement avec de l'eau d'orge miellée, bouillon aux herbes, et pour le lendemain, une médecine ordinaire.

Le 7, elle me dit que sa médecine l'a fait vomir, et l'a en outre purgée abondamment. Elle a senti un peu de douleur dans le sein, et a de petites ulcérations en dedans des lèvres, quoique les gencives soient moins gonflées. Mêmes gargarismes.

Le 9, tout va mieux; le sein ne lui fait plus mal, il y a moins de salivation, de douleur et de chaleur dans la bouche; elle a soif, et n'appète que l'eau rougie. Mêmes gargarismes, vin blanc avec eau fraîche, en guise de limonade vineuse.

Le 11, elle ressent des douleurs à la mamelle et à l'aisselle du côté droit; la langue est d'un jaune-brunâtre au milieu, et blanche sur les bords; cependant la bouche est moins malade. Mêmes gargarismes, bouillon aux herbes, médecine ordinaire pour le lendemain.

Le 13, beaucoup mieux après des évacuations abondantes de glaires, la veille. Mêmes gargarismes, tisane de chiendent édulcorée avec le sirop d'orgeat, pour apaiser la soif.

Le 15, les gencives sont guéries : il n'y a plus de salivation; les douleurs du sein et des glandes axillaires sont très-supportables; mais la soif est extrême, la langue sèche, l'appétit presque nul. Même tisane, une once de teinture de Besnard, pour en prendre 24 gouttes dans une tasse d'infusion de guimauve, trois fois par jour (1).

(1) ℞ Salis tartari depurati, Aq. cinnamomi simpl. āā ℔j. Opii

Les 19 et 20, la malade était sortie lors de ma visite, et je ne la revis que le 23. Ne l'ayant pas revue depuis le 15, je trouve que son bras et son sein ont repris plus de volume et de dureté. Comme elle me dit qu'elle veut consulter M. Chaussier qui l'a guérie d'un pareil gonflement dans sa jeunesse, je ne change rien aux dernières prescriptions.

Le 24, la malade est encore sortie lors de ma visite, mais je la rencontre chez une de ses amies à qui je donnais aussi mes soins. Elle me dit que, d'après les conseils d'une amie (j'ai su depuis que c'était celle chez qui elle se trouvait), elle a vu le professeur Chaussier, le matin, qu'il a approuvé mon traitement, en observant qu'il fallait

purissimi, ℥ ij. Separatim solvantur, dein misceantur invicem et stent in balneo Mariæ per tres hebdomades, sæpius agitando; dein admisceantur gi. arabic. ℥ ij. sal. alcal. volatil. ℥ j. in aqu. cinnamomi simpl. ℥ vj solutæ. Omnia in se mixta stent in vase bene clauso per aliquot dies in quiete, postea filtrentur et serventur usui.

Voilà la composition de cette teinture (*tinctura antisyphilica Besnardi*), telle que l'a donnée l'auteur lui-même qui prétend en avoir obtenu beaucoup de succès, et la recommande à la dose de 24 gouttes dans une décoction de guimauve froide ou un autre excipient approprié, trois fois par jour pour les adultes; puis, au bout de quelques jours, lorsque la maladie s'adoucit, à moindre dose ou seulement une ou deux fois. C'est seulement dans la syphilis et l'endurcissement du tissu cellulaire que l'auteur dit l'avoir employée avec succès, non-seulement à l'intérieur, mais aussi en gargarisme, en lotions et en topique, avec de la charpie, sur les ulcères. *V. Salzburg. medic. chirurg. Zeitung.* vol. III. 1811 et 1812.

commencer par faire dégorger, comme on l'avait déjà fait, puis revenir peut-être aux pilules mercurielles; qu'il lui avait demandé pourquoi elle n'avait pas pris de bains, et qu'il lui donnerait, le mercredi suivant, 1er mars, une consultation écrite dont voici la copie :

A Paris, le 1er mars 1815.

« Depuis environ six mois (*six semaines*) il est survenu à madame... à la mamelle droite, un engorgement compacte et douloureux qui s'étend à l'aisselle et l'avant-bras du même côté; il y a aussi parfois des flatuosités après le repas, des palpitations, un sentiment de suffocation, enfin il y a peu d'appétit, la langue est jaunâtre, le sommeil difficile.

Pour remédier à cet ensemble de symptômes, je conseille le traitement suivant :

1o Madame ....., prendra le matin à jeun, une tasse d'eau chaude sucrée dans laquelle on délaiera 40 grains de magnésie pure, et à laquelle on ajoutera 40 ou 50 gouttes d'eau de fleurs d'oranger; on boira ensuite, dans la matinée, et par intervalles, deux ou trois tasses d'infusion théiforme de feuilles de saponaire avec un peu de sucre.

2o Après avoir fait usage de la magnésie pendant 7 à 8 jours, on se purgera, en prenant le matin, à l'intervalle de deux heures en deux heures, trois verrées tièdes d'eau minérale de Sedlitz, en ajoutant dans chaque verrée 48 grains de sel natif des mêmes eaux, et on boira dans la matinée quelques tasses de bouillon coupé avec de l'eau ou d'une légère infusion de fleurs de tilleul sucrée.

3° On commencera l'usage des bols suivans :

Prenez, Poudre de ciguë. . . . . 3 grains.
Sulfure d'antimoine. . . 1 grain.
Scammonée. . . . . 3 grains.
Extrait de chicorée s. q. pour un bol à prendre le matin.

On boira ensuite, dans la matinée, quelques tasses d'une tisane faite avec une demi-once de saponaire que l'on fera bouillir pendant quelques minutes dans une pinte d'eau et à laquelle on ajoutera deux cuillerées de miel, ce que l'on continuera régulièrement seulement tous les huit à dix jours. On suspendra l'usage de ces bols pour se purger avec les eaux de Sedlitz, comme il a déjà été indiqué.

4° Pendant l'usage de ces moyens, on prendra chaque jour un bain d'eau tiède, à une température agréable; mais avant d'y entrer, on mettra dans le bain une demi-once de sulfure de potasse en poudre, et une verrée de vinaigre ordinaire. Il faut avoir soin de prendre ces bains loin des repas et de ne pas y rester plus de trois quarts d'heure.

5° On établira un cautère à la cuisse, et on aura soin d'en entretenir l'écoulement.

6° Comme il importe d'avoir les nuits tranquilles, on préparera la portion suivante :

Prenez,	Sirop de fleurs d'oranger.	1 once.
	Sirop diacode.	7 gros.
	Eau de fleurs de tilleul. .	4 onces.
	Liqueur minérale d'Hoffmann.	20 gouttes.

Mêlez et conservez dans un flacon pour en prendre une cuillerée tous les soirs en se couchant. On en prendra même une cuillerée dans le courant de la journée, si on éprouve des palpitations ou malaises.

7° A l'usage de ces différens moyens sur lesquels il faut insister pendant quelque temps, il faut ajouter des attentions dans le régime, se borner pour alimens aux potages, aux viandes blanches, bouillies ou rôties, aux compotes de fruits; couper toujours le vin avec moitié eau, ou mieux encore avec l'eau minérale de Seltz (c'est-à-dire de *Selters*), ne point faire usage de thé, de café ni d'aucune espèce de liqueurs, prendre de l'exercice sans fatigue, autant que les forces et la saison le permettront, se garantir du froid, de l'humidité, des courans d'air, et surtout éloigner tout objet d'inquiétude. »

Signé CHAUSSIER.

Cette consultation, écrite d'après le seul narré de la malade et sans aucun renseignement de ma part, réveilla d'abord en moi l'idée d'un joueur à la loterie qui prend un grand nombre de numéros, dans l'espérance qu'il s'en trouvera quelques uns de bons, et sous ce rapport elle était propre à inspirer une grande confiance à la malade. Mais ne voyant dans les médicamens qu'elle contient que des altérans dans le sens des anciens, dont les effets plutôt palliatifs que curatifs, ne pouvaient être que très-lents, comme le faisait entendre son contenu lui-même, et n'y découvrant aucune tendance curative déterminée, je crus, après en avoir reçu une copie, devoir me rendre le 4 mars chez la malade pour lui proposer de nous réunir en consultation, M. Chaussier et moi; parce que, d'après ma manière de voir, il y avait une indication principale et urgente à combattre la pléthore humorale et à en détourner la congestion des parties déjà affectées; but vers lequel ne me semblaient pas tendre assez directement les moyens conseillés, d'après la supposition d'une chronicité de six mois, tandis que l'engorgement ne s'était formé par métaptose ou métastase que depuis cinq à six semaines (le 20 janvier), puis avait reparu par recrudescence depuis à peu près huit jours, après avoir cédé presqu'entièrement à un traitement déplétif, basé sur les indications, conformément à cet aphorisme d'Hippocrate : *A repletione quicumque fiunt morbi, evacuatio sanat; et quicumque ab evacuatione, repletio; et aliorum contrarietas sanat.*

Ma demande fut inutile; sa fille me dit que la malade était à la campagne où elle suivait la consultation de M. Chaussier, et je n'en eus plus de nouvelles que le 13, où elle m'écrivit que son mal empirait.

Le 25, la malade revient de la campagne, ayant tout l'avant-bras, le bras, la mamelle et une partie de l'épaule et du cou, du côté droit, très-tuméfiés avec induration compacte de la peau, quelques taches violettes, et des douleurs lancinantes qui la privaient de sommeil. Les urines sont rares, l'haleine est très-fétide, en un mot tout est empiré rapidement durant le nouveau traitement, peut-être aussi mal suivi que le mien.

La malade me fait prier, le 27, de passer chez M. Chaussier qui, dit-elle, désire se concerter avec moi pour le traitement ultérieur. Négligeant ce jour-là mes consultations du matin, je me rendis chez lui avant neuf heures, pour être sûr de le trouver, mais on me dit qu'il était sorti. Mon attachement pour la malade, que j'avais traitée de plusieurs maladies antérieures, toutes provenant de pléthore sanguine ou saburrale, et l'importance que j'attachais à l'observation de celle dont elle était affectée, me firent consentir à retourner le 29 chez M. Chaussier, n'ayant pu obtenir qu'on nous réunît en consultation chez elle. Ce professeur proposa contre cette maladie, qu'il caractérisait de tumeur anomale, 1° une pinte de sirop de salsepareille avec dix grains de muriate de mercure suroxigéné, pour en prendre une cuillerée trois fois dans la matinée à deux heures d'intervalle; 2° un mélange de deux gros de poudre de scille maritime, d'un gros de poudre de feuilles de digitale pourprée, et d'une once et demie d'huile de baies de laurier, pour en frotter soir et matin gros comme une noix sur les parties affectées; 3° l'infusion d'une botte de cresson de fontaine, d'une demi-once de racines de raifort écrasées et d'une pincée de feuilles d'oranger, dans une chopine d'eau bouillante, pour tisane journalière avec du sucre.

Le 1er avril, je vais voir la malade, qui me dit que ses urines sont un peu plus abondantes.

Le 6, voulant retourner à la campagne, elle me fait demander de nouveau. Je la trouve dans le même état ou un peu plus mal ; elle a des gerçures et des excoriations sur le sein, que je l'engage à saupoudrer de lycopode ; je lui fais d'ailleurs continuer le même traitement que je lui dis n'avoir pas été employé assez de temps pour être jugé, parce que j'ai toujours eu pour principe de ne modifier un traitement convenu en consultation, que dans les cas où il m'aurait paru compromettre prochainement la vie du malade, et alors je préférais encore provoquer une autre consultation ou me retirer si on ne tenait compte de mon opinion.

Le 17, elle m'écrit qu'elle a fini la bouteille de sirop de salsepareille sans avoir éprouvé aucun changement favorable, et elle me redemande les pilules de scille et de calomel, qui d'abord avaient promptement amélioré son état, puis je n'en entends plus parler.

J'ai su plus tard de madame Maurin, sa fille, qu'elle était morte le 2 de septembre suivant, couverte d'ulcérations et en proie à des douleurs atroces, que les médecins des environs de St.-George, campagne à quatre lieues de Paris où elle était, cherchaient à adoucir par des peaux de moutons appliquées chaudes immédiatement après avoir été enlevées de l'animal. Ce qui me fait croire que les pilules de scille et de calomel, dont j'avais envoyé l'ordonnance à sa demande, ne furent pas employées de nouveau, ou le furent mal, c'est que j'ai appris aussi qu'elles furent blâmées par les derniers médecins, qui probablement ne les connaissaient pas, ou ne les avaient jamais employées, et ne leur supposaient pas les propriétés qu'elles ont réellement. Mais comment les absens n'auraient-ils pas tort, surtout aux yeux de ceux qui, ne connaissant que les routes les plus généralement fréquentées, ont besoin de justifier leur incapacité d'en sortir quand elles s'écartent du but désiré?

Réflexions. J'ai cru devoir faire connaître avec détail le commencement, les progrès et la terminaison de cette maladie, ainsi que les divers traitemens qui lui ont été opposés et leurs effets, bons ou mauvais, autant que j'ai pu en être instruit, tant pour la prévenir en faisant bien apprécier tous ses élémens éthiologiques, que pour mettre sur la voie de sa guérison lorsqu'elle est déclarée.

Le succès que j'avais d'abord obtenu et qui ne fut interrompu que par les imprudences et l'indocilité de la malade, semblait devoir ramener promptement un premier traitement. Mais la salivation, que des refroidissemens réitérés et le défaut de précaution avaient hâtée et peut-être seuls occasionée, l'illusion de la malade, qui croyait, ainsi que les personnes de sa connaissance qu'elle avait eu le même mal vers l'époque de la menstruation, parce que, pour le vulgaire, un symptôme semblable, par exemple l'enflure, constitue une identité de maladie, et enfin cette recherche du mieux, si souvent ennemi du bien et cependant toujours conseillé, surtout en médecine, par les gens les moins aptes à bien juger, firent préférer le hasard et les essais à l'expérience acquise, presque jusqu'au dernier moment. Il n'y a pas de doute que le gonflement du sein qu'avait éprouvé madame Okennedy dans sa jeunesse ne fût bien différent de sa dernière maladie, puisque l'amputation, qui parut indiquée alors, suppose une tumeur circonscrite et isolée, en un mot, une affection locale; tandis que le dernier gonflement affectait, dès le principe, le sein, le bras, les glandes axillaires et les parties voisines, et se compliquait d'embarras du foie et d'autres symptômes qui annonçaient non-seulement le trouble des fonctions des premières voies, mais aussi un désordre général du système lymphatique et de la circulation dans les capillaires. Dans le premier cas, il ne fallait que venir au secours de la nature pour établir la menstruation, ce dont il ne pouvait plus être question dans le second cas, quoique les deux affections aient semblé pouvoir être rapportées à la pléthore sanguine ou saburrale, et peut-être à l'un et à l'autre comme à leur première cause. Que pouvaient donc faire, dans la dernière maladie, les bains si bien indiqués dans la première? Était-ce pour payer un tribut au solidisme, en opérant une détente? Mais l'embonpoint considérable de la malade et la nature de son affection caractérisaient une laxité des solides, et pour ramollir une dureté qui vient du trop plein sur lequel la rareté des urines et des autres excrétions ne laissaient d'ailleurs aucun doute, y avait-il rien de plus rationnel que la déplétion? Sans être exclusif dans aucun système, je pense que c'est la médecine humorale qui obtient le plus de succès dans les cas où la turgescence est manifeste comme dans celui-ci. Quoiqu'une hydropisie puisse être et soit souvent la suite d'une inflammation, comme elle peut aussi être la suite d'un affaiblissement et d'une laxité des solides, à en juger par celles qui succèdent aux fièvres intermittentes, aux longues maladies, ainsi que par la bouffissure et l'œdème de ceux qui ont gémi long-temps sans exercice dans les prisons et les lieux humides; l'expérience prouve néanmoins que cette maladie, quel qu'en soit le principe, ne se guérit point sans évacuer les humeurs, qui en font le caractère, et qu'ainsi les solidistes exclusifs se trouvent sans moyens de guérison vis-à-vis cette maladie, s'ils ne se mettent en contradiction avec leur théorie par la pratique, ce qui arrive souvent aux antagonistes de l'éclectisme. Dans l'observation que je viens de rapporter, on ne peut nier que la pléthore humorale n'ait d'abord constitué toute la maladie, ou le trouble de l'état normal des fonctions vitales, et qu'ensuite elle n'ait été cause des affections locales consécutives. Soutenir le contraire, ce serait nier l'évidence et se mettre en contradiction avec les faits observés. Mais, dans l'origine, y a-t-il eu affection locale, ou maladie essentielle? Nos prétendus médecins physiologistes, que l'expérience et l'observation trouvent si souvent en dehors de la véritable physiologie, de la pathologie et de la thérapeutique rationnelle, substitueront-ils une gastrite ou une gastro-entérite imaginaires à l'inertie des viscères abdominaux si évidemment produite par la pléthore, que la déplétion opérée par les stimulans les plus énergiques en a chaque fois rétabli les fonctions, sans développer aucun symptôme d'irritation morbide?

Quant à ce qui concerne les maladies essentielles, il faudrait bien s'entendre sur cette dénomination et en préciser rigoureusement le sens, pour ne pas discourir en pure perte. Si l'on entend par là une souffrance générale du corps, comme elle a eu lieu dans le principe chez madame Okennedy, comme on la remarque dans la bouffissure pléthorique et atonique, le scorbut, plusieurs affections éruptives, les empoisonnemens miasmatiques et autres, la cachexie des humoristes, sans qu'on puisse l'isoler, ni sa cause prochaine sur un organe particulier, nul doute alors qu'il ne faille désigner de pareilles maladies par un terme générique qui empêche de les confondre avec celles qui sont locales, telles qu'une péripneumonie, une hépatalgie, une métrite, une dyssenterie, un squirrhe, un carcinome, un anévrysme, une otalgie, etc., sauf à déterminer encore celles de ces dernières affections qui tiendraient, dans leur principe, à une diathèse idiogénique, occulte comme dans la rage, ou à des causes générales accidentelles, comme des sueurs et des transpirations répercutées, avant d'être localisées par la vitalité.

Dans ma manière de voir, la maladie de madame Okennedy ne tenait pas à un virus syphilitique, ni à un vice scorbutique ou autre quelconque des humeurs, quoique celles-ci aient dû se vicier par le défaut de circulation, de sécrétion et d'excrétion normales, suite de la congestion qui paralysait le jeu des solides. Aussi n'ai-je administré le calomel avec la scille que parce que l'expérience m'a appris que cette combinaison est un des diurétiques les plus puissans, qui provoque en même temps le dégorgement des intestins par les selles, celui de la poitrine par l'expectoration et même l'action diaphorétique de la peau, sans danger de produire une irritation morbide ailleurs qu'à la bouche par la salivation chez ceux qui s'exposent imprudemment à des refroidissemens capables d'arrêter la transpiration. Ce n'était donc point comme simple altérant ou antisyphilitique que j'employai le calomel, et si M. Chaussier avait bien connu les propriétés de sa combinaison avec la scille, en partageant en même temps mes vues thérapeutiques, il n'y aurait probablement pas substitué une autre préparation mercurielle, telle que le sublimé, qui ne pouvait agir de même dans ce cas, et n'est point propre non plus à la guérison des autres espèces d'hydropisies, où la réunion du proto-chlorure de mercure avec la scille réussit souvent d'une manière étonnante (1). C'est par une stimulation

(1) La première idée de combiner la scille avec le mercure doux m'est venue de la lecture des ouvrages du professeur Grégory d'Edimbourg, où il est fait mention de la réunion de ces deux substances comme du plus puissant diurétique. On peut lire, page 271 du t. XXIV (1805) du *Recueil périodique* de la Société de Médecine de Paris, une notice des observations que je lui avais communiquées antérieurement sur la vertu éminemment diurétique et désobstruante de ce moyen, laquelle a été confirmée ensuite dans le même journal, par des observations des docteurs Mercier, Lecomte, Nacquart, de même que par M. Py de Narbonne dans la *Gazette de santé* de décembre 1811 ; par le docteur Gagère, dans les *Annales de Montpellier* et la *Bibliothèque médicale* de 1812 ; ainsi que par MM. Portal et Valentin, dans des traités

graduelle et presque imperceptible des solides, que ce moyen agit comme révulsif sur le canal des intestins et sur les reins, et enlève la surcharge humorale, de même que les obstructions des parties les plus éloignées, par une action consensuelle qui se communique de proche en proche dans l'espace de deux ou trois jours. Les

particuliers. Valentin, dans son *Mémoire sur les fluxions de poitrine*, publié en 1815, en recommandant, p. 147, ce mélange comme un des meilleurs fondans hydragogues, dit que Ferriar l'a publié à Londres, en 1792, et semble croire que c'est ce dernier qui m'en a donné l'idée, tandis que je la dois à Grégory, dont j'ai rapporté le texte dans le Mémoire que j'ai présenté à la Société de Médecine. Il n'est d'ailleurs pas croyable que Ferriar et moi ayons fait la combinaison du calomel et de la scille dans les mêmes proportions, puisque nous ne nous sommes pas entendus. En traitant plus tard des hydropisies en général, je me propose d'entrer dans de plus grands détails sur l'usage de ce moyen, que j'ai vu employer, sur ma proposition, avec trop de timidité, par des médecins qui craignaient l'affaiblissement des malades par les copieuses évacuations qu'il produisait, et qui a aussi, à ma connaissance, été employé avec trop de persistance par d'autres médecins qui semblaient croire à la nécessité de la salivation qui, n'étant nullement utile pour un plein succès, doit être combattue dès ses premiers symptômes. L'impulsion donnée à l'excrétion des humeurs ne doit d'ailleurs pas être portée à un excès incompatible avec les forces du malade, ni réprimée de manière que la longueur du traitement rende la convalescence interminable ou impossible : *Omne quod est nimium vertitur in vitium*. Depuis décembre dernier, j'ai encore guéri quatre hydropisies, dont deux de poitrine, par le même mélange, en y ajoutant de la poudre de feuilles de digitale pourprée, dans les complications d'hydrothorax; trois de ces hydropisies avaient résisté à des traitemens administrés par d'autres médecins. L'union de la scille avec le calomel a aussi plusieurs fois triomphé promptement, entre mes mains, de la jaunisse et en général de ce qui tient aux obstructions.

gastroïatres, qui ne rêvent que gastrites, ou mieux les *entéroïatres,* parce qu'ils rêvent également des entérites et que d'ailleurs ils enterrent beaucoup de monde, chez qui l'observation et l'expérience ne peuvent contrebalancer les oracles prétentieux d'un maître dont les erreurs sont converties en progrès de la science par l'ignorance, ne conçoivent pas que l'on puisse porter sur le canal alimentaire des révulsifs propres à le débarrasser par le dégorgement des vaisseaux absorbans et des lymphatiques. Cette médication, que la nature opère si souvent spontanément, leur paraît si étrange qu'ils vous demandent avec cette fine plaisanterie qui fait tant d'honneur à leur savoir et à leur discernement à l'adresse de quels organes on fait ingérer des médicamens, croyant eux-mêmes donner pour les intestins qu'ils supposent malades une adresse plus sûre et plus directe aux sangsues et aux topiques dont ils couvrent la peau de leurs patiens, sans égard pour l'aphorisme suivant, parce que ce n'est pas un oracle rendu sur le trépied de leur divinité : *Quæ ducere oportet, quo maxime vergant, eo ducenda, per loca convenientia.* Les romantiques de la médecine ne connaissent de lieux convenables que la peau, dont l'étendue offre un champ vaste à l'action hirudinaire et aux topiques, et c'est par la peau des malades que sont rachetés tous les péchés du pauvre gaster, par ceux qui transforment en inflammations le moindre degré d'accroissement de sensibilité et de rougeurs produit par la congestion, la pléthore, le spasme, les suppressions de transpiration, les gaz intestinaux, les vers, la sympathie, la tendance des humeurs vers les parties les plus déclives, les stases par atonie ou par compression, etc.; et comme les malades ne souffrent qu'à proportion de leurs forces ou de la réaction vitale, ils croient, après les avoir transformés en espèces de cadavres ambulans et rendus exsangues par l'abus des sangsues et la diète portée à l'excès, qu'ils ont dompté un mal moins senti par défaut de vitalité, bien que la cause n'en soit qu'assoupie pour se réveiller plus tard, si le malade ne succombe, ou, si son indocilité et la nature ne viennent à son secours, pour le faire triompher du mal et du remède. C'est ainsi qu'en se bornant à traiter un symptôme érigé en affection principale et pathogénique, on fait traîner aux malades une existence douloureuse et morose pendant des années entières, tandis qu'un traitement rationnel et éclectique, basé sur l'observation et l'expérience des siècles, aurait pu leur rendre la santé en quelques semaines et souvent en quelques jours. Mais comment faire revenir d'une pratique si aisée et si routinière, en même temps qu'elle est profitable à l'ignorance par la durée des convalescences? Aussi le proverbe *vieux médecin et riche apothicaire* serait aujourd'hui un contre-sens, et des changemens tels que Molière aurait à peine osé les prêter à son médecin malgré lui veulent qu'on dise en place, sauf les exceptions : *Jeunes médecins, et pauvres apothicaires! pauvres malades!*

Pour que les gens prévenus ne s'imaginent pas que c'est à tort que je repousse un système qui restreint toute médication à un affaiblissement, ce qui ne convient que dans les états véritablement inflammatoires, et tend à abâtardir l'espèce humaine par l'épuisement des sources de la vie, qu'il me soit permis, entre un grand nombre de témoignages des praticiens les plus éclairés dont je pourrais appuyer mon opinion, de citer le passage suivant de la page 245 du *Recueil périodique de la Société de médecine de Paris*, mois de février 1830: « Qu'y a-t-il de plus singulier, dit le docteur Ratier, que d'entendre dire à M. Louis que la *gastrite* est une des affections les moins connues, celle dont le diagnostic est *le plus obscur* et sur laquelle on a publié *le moins* de travaux positifs? Que la *gastrite* simple, au moins telle *primitivement* et conduisant directement à la mort, est une affection très-rare, au point, ajoute l'auteur, que je ne crois pas en avoir vu un seul exemple dans un intervalle de six années sur près de trois mille sujets dont j'ai recueilli l'histoire (dans l'emploi du professeur Chomel à l'hospice de la Charité de Paris), dont plus de *cinq cents* ont succombé, et qu'on n'a pour ainsi dire occasion d'observer sur les cadavres que comme complication. »

Ces résultats de l'observation, parfaitement d'accord avec ceux de ma pratique, qui, dans plus de trente ans, ne m'a offert qu'une seule inflammation primitive de l'estomac chez une femme enceinte qui, pour combattre sa malacie, avait pris avec excès et continuité les vins les plus généreux, sont diamétralement opposés à ceux de nos savans modernes pour qui toute la pathologie consiste presque uniquement en gastrites et entérites, toute la thérapeutique en soustraction de vitalité, toute la matière médicale en sangsues, topiques, sirop et eau de gomme ou de guimauve, et la diététique en lait.

Par contraste on trouve dans le même cahier du *Recueil périodique* l'annonce d'un *Traité de l'hydrocéphale aiguë, ou fièvre cérébrale des enfans*, par M. Bricheteau, où cet auteur qui n'est peut-être pas encore bien convaincu que cette affection ne puisse provenir de congestion, de la diathèse scorbutique ou lymphatique, de métastases hydropiques, du consensus produit par les affections abdominales et d'autres sympathies, est joliment tancé par son confrère, M. Gaultier de Claubry, qui n'entend pas plaisanterie sur le chapitre des maladies en *ite,* les seules auxquelles ne soit pas fermée l'entrée de son savant répertoire, et qui par conséquent s'est trouvé fort scandalisé de voir encore l'*hydrocéphale aiguë* figurer dans un traité où les progrès de la science ne permettaient plus d'admettre que l'*encéphalite,* comme le *démontre*, ajoute-t-il, *M. Charpentier d'une manière victorieuse en bonne physiologie pathologique*, c'est-à-dire *en bon état de santé malade,* pour ceux qui ne connaissent pas la technologie de nos régens romantiques. M. Gaultier dit que, dans la médecine physiologique (de l'état de santé), l'expérience a prouvé que, pour triompher de l'encéphalite, il faut que la révulsion sur la peau soit employée dès l'apparition des premiers symptômes (peut-être avant l'état pathologique, pour mieux assurer le succès de la médication physiologique), car il est bien aisé d'appliquer en huit jours huit, dix, douze vésicatoires, comme il l'a vu faire, quoique fréquemment on voie mourir épuisés par les souffrances, la suppuration, l'insomnie, les malheureux petits êtres qu'on a arrachés à une mort presque certaine (*ibid.* p. 240 et 241).

On peut dire que si Emmanuel G. a été nourri de beurre et de miel, sa médication n'en est pas plus douce, et ne se fonde pas sur l'axiome *Contraria contrariis curantur*, puisqu'il n'arrache ses malades à la mort que pourrait leur causer l'inflammation du cerveau, que pour les exposer à succomber aux souffrances plus rudes de l'inflammation que son traitement physiologique détermine sur la peau, sans mettre de la partie les pédiluves et les demi-bains des vieux ontologistes, ni trop compter sur la saignée et les sangsues dont la consommation est pourtant si grande par ceux qui connaissent, comme lui, les progrès de la science pour guérir des gastrites et des entérites qui n'existent pas, aussi bien que des encéphalites présumées.

Je dois m'attendre aussi à une verte admonition de la part des Achilles ou des champions invulnérables du parti, parce que j'ai encore admis un œdème squirrhode. En effet dans le langage de la médecine soi-disant physiologique, où la science marche à pas rétrogrades, la maladie de madame Okennedy aurait été d'abord une céphalite ou gastro-encéphalite, puis une gastrite ou gastro-entérite, ensuite une mastoïte ou masto-brachionite, tandis que la même affection dans l'observation suivante aurait dû prendre les noms de coxite ou coxo-scélite, etc., car on y localise non-seulement la diathèse inflammatoire du sang et toutes les affections humorales de causes miasmatiques et autres, sans s'inquiéter de leur mouvement circulatoire, mais on y établit aussi des différences qui n'existent pas, pour dédommager de celles qu'on supprime où elles existent réellement, en identifiant la céphalée, la céphalalgie, la céphalite, l'hydrocéphale et l'encéphalite, de même que la cardialgie, la gastralgie, la gastrite et la gastro-entérite, etc., sans égard pour la différence des causes et du traitement, comme l'a fort bien fait savoir le docteur Barras dans son *Mémoire sur des gastralgies nerveuses hypocondriaques prises pour des gastro-entérites.*

D'où il résulte que si la nouvelle école n'enrichit pas la science, elle enrichit au moins le catalogue des misères humaines, car sans compter les maladies purement factices, ni les engorgemens et les indurations dus au long usage des topiques chauds, elle en fabrique un grand nombre avec l'étoffe d'une seule et même affection ontologique, dont elle fait grandir les divers symptômes et les métaptoses en autant d'états inflammatoires idiopathiques qu'il y a d'organes affectés sympathiquement, et ce sont là les véritables progrès qu'elle fait faire à la science, en niant ce qui existe et en supposant ce qui n'existe pas, *et sempre bene*. On ne connaît pas non plus, dans sa belle et commode doctrine, la différence d'un jugement d'avec le simple énoncé d'un fait, comme le prouve son dictionnaire d'où sont bannis le terme de *céphalalgie* qui indique l'existence d'un mal de tête, celui de *gastralgie*, etc., qui dénote une douleur de l'estomac, comme des faits dont on laisse déduire la cause d'après les symptômes variés qui peuvent s'y joindre; au lieu qu'en désignant les mêmes douleurs par les mots de *céphalite* et de *gastrite*, on juge chaque fait comme l'effet d'une inflammation, sans s'inquiéter s'il ne peut être produit par une autre cause, telle que spasme, ventosité, pléthore, aigreur, dyspepsie, sympathie hystérique ou de grossesse, etc. Ce premier jugement emporte en même temps, par son expression ontologique complexe, celui du traitement, puisque, par un arrêté immuable de l'école, une inflammation quelle qu'elle soit doit être combattue exclusivement par les sangsues, la diète, les topiques et l'eau de gomme ou de guimauve, thérapeutique qui annonce suffisamment la prédominance de la chirurgie sur la médecine en France. Faut-il d'après cela s'étonner des bévues fréquentes et funestes commises par les disciples d'un maître qui, par sa clairvoyance divinatoire, veut les exempter d'examen et de discernement, en rattachant à une seule et même cause toutes les douleurs, quels qu'en soient le siége, la nature, les variétés d'intensité et les symptômes concomitans, et le remède à un affaiblissement routinier par les sangsues, la diète et l'eau gommée; ce qui vaut bien le *saignare,* le *purgare* et le *clyterium donare* des routiniers joués par Molière : on dirait du maître que c'est l'antipode de Diafoirus, tant il vise à constiper les malades par la diète. Aussi tous les officiers de santé que leur modique savoir empêche de s'aventurer dans des routes difficiles trouvent-ils le moyen de faire hardiment leur chemin, en montant sur le dada banal des physiologistes gommo-hirudinaires de M. Broussais.

Quand il ne peut accorder avec les faits observés les erreurs et les contradictions qu'on lui reproche, le chef de la nouvelle école répond qu'on ne l'a pas compris, ce qui peut être vrai, car il paraît ne pas toujours se comprendre lui-même; tandis que ses néophytes, savans improvisés dont le zèle aveugle tend au vandalisme médical par le mépris qu'ils affectent pour l'expérience des siècles dont ils aimeraient à voir disparaître les monumens immortels, pour la plus grande gloire de leur secte et la plus grande facilité de leurs études et de leur pratique, se contentent, pour parer aux difficultés qui naissent de l'observation, de dire à celui qui les produit qu'*ils attendront, pour lui répondre, qu'il ait prouvé qu'il entend quelque chose à la médecine,* c'est-à-dire qu'il soit de leur opinion et que son savoir se mesure sur le leur, car hors de leur système point de médecine, comme hors de l'Église point de salut; on en peut voir la preuve dans le cahier de septembre 1829 des *Annales de la médecine physiologique*, à l'annonce de mon *Traité de l'Imagination*, par E., véritable Bablot du physiologisme, qui a sans doute gardé l'anonyme par modestie, pour se soustraire à l'honneur qui lui revient d'une si savante et si difficile réfutation des opinions qu'il ne partage pas, réfutation au reste très-pertinente pour des adeptes *addicti jurare in verba magistri*. E. m'accordera peut-être que je suis moins exigeant que lui, puisque, dans la crainte d'attendre trop long-temps, je n'ai pas demandé, pour lui répondre, qu'il prouvât qu'il entend quelque chose à l'art de guérir. Je sais d'ailleurs que la bienveillance et la bonne foi ont leur mérite aussi bien que la modestie, et qu'il faut en tenir compte aux grands hommes, si communs à présent parmi nos jeunes médecins, depuis qu'un confrère en a divulgué la fabrication dans sa *Mégalanthropogénèse* que semble déjà avoir connu le père du docteur Broussais: *felix progenies!* Bienheureuse descendance dont le savoir se retranche derrière la suffisance (1)!

(1) Dans la seconde édition de mon *Traité de l'Imagination*, publié en 1829, j'avais rapporté, page 156 et suiv., comme l'effet

En général il devrait suffire de savoir que la régularité des fonctions vitales dépend non-seulement des solides, mais aussi de la qualité, de la quantité relative et du mouvement circulatoire des liquides, pour ne pas faire consister l'art de guérir dans un système exclusif de solidisme ou

d'une prévention aveugle pour la doctrine de Broussais, qu'un officier de santé traitait, depuis environ deux mois, une jeune dame âgée de 24 ans, pour une gastrite qu'elle n'avait pas, et était parvenu, par des applications réitérées de sangsues, des boissons mucilagineuses et une diète sévère, à l'exténuer au point qu'elle ne pouvait plus se lever seule sur son lit, et à lui causer une véritable gastralgie avec des vomissemens spontanés de bile jaune, qu'augmentait encore l'ingestion des boissons prescrites, lorsque les parens de cette dame, la voyant dans un danger imminent, m'appelèrent en consultation en 1824, et qu'après avoir pris connaissance de la maladie et du traitement, j'avais prédit la cessation très-prochaine de ses vomissemens et son rétablissement successif, si l'on voulait donner prudemment des alimens à la malade, dont l'estomac n'était irrité que par un jeûne trop prolongé et le reflux de la bile, dont l'action se portait sur les parois de ce viscère, faute de substances alimentaires avec lesquelles elle devait se mêler, selon le vœu et les besoins de l'économie animale. Mon pronostic fut promptement vérifié, car au bout de trois jours la malade ne vomissait plus, et son sommeil ainsi que ses forces revinrent peu à peu avec le bien-être de la santé. C'est probablement cette indiscrétion de ma part contre les pratiques de la nouvelle école qui m'a valu l'animadversion de M. E. Cependant, qui le croirait? c'est cette même indiscrétion qui paraît avoir suggéré au docteur Damiron, qui avait lu mon ouvrage, le conseil par lequel il a sauvé, l'automne dernier, le chef de cette école, sur le point de succomber martyr de sa doctrine, en se condamnant au supplice de Tantale, dans la crainte d'irriter une gastrite imaginaire qui s'évanouit par la cessation de la diète, grâce aux côtelettes, au vin, etc. Triste alternative d'un chef de secte, que celle d'être forcé de se tuer ou de tuer sa doctrine!

d'humorisme; et à défaut de leur propre expérience, l'histoire aurait dû apprendre aux enthousiastes de la nouvelle école que rien ne hâte plus la chute d'un système que l'intolérance et l'exagération, qui le poussent hors des limites de la vérité, vers laquelle une science d'observation telle que la médecine est nécessairement tôt ou tard ramenée par les faits. Si M. Broussais, qui est cependant un peu moins exclusif que ses élèves, parce qu'il est plus instruit, n'avait pas porté lui-même la thérapeutique hirudinaire et la diète au-delà des limites de leur utilité réelle, ni traité comme primitives ou idiopathiques des affections secondaires ou sympathiques, en repoussant avec suffisance et dédain l'expérience des siècles et les observations qui sortent des cadres de son système, il n'aurait pas rendu problématique la question de savoir s'il n'a pas fait plus de mal que de bien, en généralisant trop la doctrine inflammatoire qui, à mes yeux, n'a guère que le mérite négatif d'avoir hâté le retour à l'éclectisme en voulant l'exclure, car l'application des saignées tant générales que locales à la plupart des cas de douleurs inflammatoires et de pléthore sanguine, de même que la diète au début des maladies aiguës, sont d'anciennes acquisitions de la médecine d'observation, que la prévention des Brownistes lui avait fourni l'occasion de rappeler à un usage moins timide. Ainsi ce qui lui a valu une vogue de circonstance n'est qu'un démembrement mal assorti de l'ancien domaine de l'art de guérir.

En effet Hippocrate, Galien, Paul d'Égine, Alexandre de Tralles, Avicenne saignaient, et comme le dit un des praticiens les plus distingués et les plus occupés de la capitale, le docteur Guersent, article *saignée* du *Dict. des sc. méd.*, t. XLIX, p. 339 et suiv. « Les écoles de Salerne, de Montpellier et de Paris proclamèrent les principes d'Hippocrate et de Galien relativement à l'emploi de la saignée, et cette doctrine, à quelques exceptions près, est encore maintenant celle de tous les vieux praticiens. A la vérité elle n'est parvenue jusqu'à nous qu'après avoir été souvent altérée par les écarts de l'imagination, et défigurée par des excès dans la pratique. Les partisans outrés de la saignée, en versant le sang à flot, comme le faisaient Riolan, Willis, Botal, durent causer des accidens qui ensuite ont entraîné quelques hommes dans une méthode opposée et dirigée vers un autre extrême... Notre siècle a vu naître aussi une autre erreur relative à la saignée. On a cru pouvoir remplacer les saignées générales par celle des sangsues. Les sangsues sont employées depuis Thémison, contemporain d'Asclépiade; mais les médecins grecs et romains n'en prescrivaient l'usage que dans quelques circonstances seulement, et préféraient, avec raison, dans les maladies franchement inflammatoires, l'usage des saignées générales. Maintenant à peine a-t-on recours à la saignée, au moins parmi nos jeunes confrères. Les sangsues sont la panacée universelle; ils en couvrent leurs malades et en prescrivent autant pour un jour, qu'un médecin en réputation en ordonnait autrefois pendant une année. On dirait que beaucoup d'entre eux craindraient de se compromettre en s'armant de la lancette. Une petite raison d'amour-propre, il faut en convenir, ajoute encore à l'éloignement qu'on a pour la saignée, et vient renforcer le préjugé populaire contre cette opération. Comme les hommes de l'art sont maintenant presque tous docteurs, chacun croirait déroger en exécutant soi-même ses ordonnances, ou se déconsidérer encore davantage aux yeux de ses cliens et de ses confrères, en exécutant les ordonnances des autres. Il en résulte que pour s'épargner ces petits combats d'amour-propre, on prescrit des sangsues, lorsque la maladie exigerait de larges et amples saignées, et l'on compromet, par faiblesse, la vie du malade. J'ai été plusieurs fois témoin de cet inconvénient grave, qui a déjà été signalé par plusieurs de nos confrères; mais je crois devoir le faire connaître de nouveau, afin que nos jeunes collégues, affranchis désormais de tout préjugé pour ou contre la saignée, soient également convaincus que notre profession est toujours honorable, toutes les fois que nous agissons dans l'intérêt des malades. »

Après avoir fait remarquer qu'on ne peut combattre par les saignées plusieurs phlegmasies, telles que les inflammations atoniques et couenneuses des lèvres, des gencives, des amygdales, du pharynx, qui réclament de préférence les gargarismes acidulés avec l'acide hydrochlorique et les lotions de décoctions de quinquina, le même auteur ajoute, p. 361 : « Quoique les saignées soient le plus puissant et le plus précieux de tous les antiphlogistiques, il faut donc bien se garder d'en abuser, et de compromettre ce moyen salutaire, en l'appliquant indistinctement dans toutes les phlegmasies, et dans la dernière période de ces maladies, comme dans la première; car alors il peut devenir plus dangereux qu'utile. »

Tel est le langage du véritable médecin dont la pratique est réglée sur les indications variées que présentent les diverses maladies, et même les mêmes maladies, d'après leur siége, leur période, l'âge des malades, les complications, l'urgence et d'autres caractères différentiels. Ne résulte-t-il pas de ce passage, auquel j'aurais voulu ajouter, tant l'article de M. Guersent est rationnel et substantiel, que le mérite de M. Broussais, en rappelant à un usage moins timide un moyen de guérison précieux, est devenu très-problématique, si l'on considère la confusion et les abus qui sont résultés de l'exagération de ses principes et du dédain qu'il a inspiré à ses élèves pour toutes les observations qui ne rentrent pas dans le cercle vicieux de ses phlegmasies?

Au témoignage du docteur Guersent je pourrais joindre celui de plusieurs autres médecins distingués par les succès de leur pratique. « Le nombre des sangsues qu'on emploie, dit le docteur Mérat (*ibid.* article *sangsue*, p. 528), est fort variable... Dans la première enfance, on ne dépasse guère une, deux jusqu'à dix; chez l'adulte, c'est ordinairement depuis ce dernier nombre jusqu'à dix-huit, vingt-quatre ou trente; il est rare qu'on aille plus loin dans la pratique ordinaire; cependant il y a des médecins, surtout actuellement, qui en font mettre des quantités bien plus considérables, et il n'y a pas longtemps que j'ai eu connaissance d'une malade à laquelle on en avait appliqué deux cent cinquante en vingt-quatre heures, à plusieurs reprises à la vérité, sur l'abdomen, pour une péritonite à laquelle elle succomba pourtant. Il y a des cas où on en a employé un nombre encore plus grand, mais dans un espace de temps plus long. » Le même auteur ajoute p. 535 : « Une saignée soulage de suite un péripneumonique, ou du moins ôte la surcharge sanguine des gros vaisseaux en un instant; tandis que les sangsues ne les désemplissent de proche en proche qu'au bout de vingt-quatre heures et même de quarante-huit heures. »

N'est-il pas évident, d'après cela, que nos entéroïatres doivent enterrer, par leur pratique hirudinaire exclusive, beaucoup d'apoplectiques et d'autres malades qui souvent ne laissent que quelques heures au médecin pour pouvoir les sauver? Entre plusieurs exemples que je pourrais citer, en voici un qui prouve jusqu'à quel point une routine aveugle compromet l'existence des malades. J'avais été deux jours absent de Chamagne, que j'habite maintenant, lorsque le 17 avril 1829 on envoya à ma rencontre sur la route de Lunéville, avec prière de hâter mon arrivée pour Nicolas Gelé, âgé de 36 ans, de la famille du célèbre paysagiste de ce nom, lequel avait perdu connaissance la veille à neuf heures du matin, après avoir pris une médecine de son chef, dont l'effet fut arrêté par un refroidissement qu'il prit en allant au grand air. Je le trouvai couché sur le dos, les paupières fermées, qu'il n'entr'ouvrait un instant quand on l'excitait, que pour les refermer aussitôt, portant machinalement de temps en temps la main gauche à la tête, rendant un peu de salive écumeuse par la bouche sans sterteur, avec visage rouge, pouls plein, impossibilité de lui faire desserrer les dents pour voir sa langue, ni d'obtenir le moindre signe de connaissance. Un officier de santé du voisinage, dont le savoir ne dépasse pas les limites étroites du catéchisme de Broussais, appelé en mon absence, avait prescrit des sangsues à la tête, un vésicatoire de huit pouces entre les deux épaules, des sinapismes aux extrémités supérieures et inférieures, des frictions sur l'épine dorsale avec la teinture de cantharides, des lavemens de quinquina et des compresses d'oxycrate tièdes sur le front. A l'exception des sinapismes et des compresses d'oxycrate, l'usage de tous les autres moyens avait été différé jusqu'à mon arrivée. Voilà comme les savans improvisés de la nouvelle école entendent la déplétion, la révulsion et la dérivation dans les apoplexies et les congestions du cerveau, en promenant indistinctement des topiques irritans sur la peau par laquelle ils prétendent obtenir toutes les guérisons qu'ils volent à la nature, quand elle triomphe du mal et du remède. Je me hâtai de faire une ample saignée du bras, de faire respirer de l'alcali volatil, et de donner ensuite un peu d'éther et d'alcool de mélisse composé dans quelques cuillerées d'eau fraîche, dont plus de la moitié fut perdue, le malade ne desserrant pas les dents et n'avalant que ce qui passait au fond de la bouche derrière les dernières molaires, qui laissent toujours assez d'intervalle pour dispenser de l'évulsion d'une dent que pratiquent encore quelques chirurgiens en pareil cas. En moins d'un demi-quart d'heure, le malade ouvrit des yeux hagards sans les refermer, et au bout d'une heure il avait recouvré un peu de connaissance. De tous les moyens de l'officier de santé hirudinaire, je ne conservai que les sinapismes, mais seulement pour les extrémités inférieures, en faisant ôter promptement ceux des extrémités supérieures. Je défendis l'usage des autres applications, plus propres à favoriser qu'à détourner l'afflux humoral vers la tête (*ubi stimulus ibi humorum affluxus*); aux épithèmes d'oxycrate chauds, j'en fis substituer de froids sur le front; je remplaçai les lavemens de quinquina par des lavemens laxatifs, et à l'aide de ces moyens, d'une infusion théiforme de fleur de tilleul et de quelques prises de rhubarbe, sans même avoir eu recours aux sangsues que j'avais fait conserver pour les appliquer à l'anus au besoin, le malade put se lever au bout de quelques jours, soutenu d'abord par une personne qui lui donnait le bras, le côté droit se trouvant affaibli par la paralysie qui s'y était déclarée. Moins d'un mois après, le malade commença à sortir, et il ne s'est jamais mieux porté qu'à présent.

Je le demande maintenant, ne serait-ce pas un malheur pour la société que la nouvelle école prédominât en médecine, conformément aux prétentions du maître et au zèle aveugle de ses disciples, quoique tous ne soient pas aussi exclusifs ni aussi dépourvus de tact et de discernement que celui dont je viens de signaler la pratique? Qui pourrait souscrire, après les erreurs nombreuses de cette école et ses excès prétentieux, aux éloges prodigués par l'ignorance et le défaut d'expérience à son chef, si l'on réfléchit qu'après l'abus vient toujours le discrédit des meilleurs moyens de guérison? N'est-ce pas l'abus des purgatifs qui en a préparé la proscription actuelle, comme la polypharmacie a réduit la matière médicale à une douzaine de substances et à une thérapeutique souvent inerte, et plus souvent encore uniquement perturbatrice et uniforme, sans égard pour la différence des indications chez beaucoup de médecins? Ne sait-on pas que Louis XIII fut saigné trente-cinq fois dans sa dernière maladie, que Guy-Patin faisait saigner vingt-quatre fois son fils dans une pleurésie, et qu'à la même époque, vers le milieu du dix-septième siècle, on essaya de remettre en crédit la transfusion du sang, que Jean Denys tenta le premier, à Paris, sur l'homme en 1667, avec des apparences de succès que le temps ne confirma pas, ce qui détermina le Châtelet à porter une sentence qui « fait défense à toutes personnes de faire la transfusion sur aucun corps humain, que la proposition n'ait été reçue et approuvée par les médecins de la Faculté, à peine de prison. » L'abus de l'émétique par des mains inhabiles le fit aussi défendre, mais l'usage s'en réhabilita entre les mains des praticiens instruits et judicieux ; ce qui n'est pas encore arrivé et ce qui n'arrivera probablement jamais à la transfusion, dont l'idée est basée sur un humorisme exclusif. Quant à la saignée qui n'a jamais été et ne sera vraisemblablement jamais proscrite, puisque la nature la provoque souvent spontanément pour la guérison de plusieurs maladies, et que d'ailleurs l'expérience des siècles a mis hors de doute l'utilité de son emploi prudent et modéré, elle fut aussi quelque temps en grand discrédit et comme proscrite, après les abus qui en avaient été faits. Nous ne sommes peut-être pas éloignés du moment où la diète et l'application des sangsues, redoutées du public, ne pourront plus être opposées aux maladies qui en réclament impérieusement l'usage, et ce sera là encore un des résultats de la marche rétrograde que le physiologisme aura imprimée par les débordemens de son enflure à l'art de guérir, devenu presqu'imperceptible dans ce que quelques-uns de nos savans modernes appellent la médecine, quoique c'en soit le but unique et le complément.

Si madame Okennedi, sur la maladie de laquelle les théories qui se partagent aujourd'hui le domaine de la médecine exigeaient les réflexions précédentes, n'avait pas été ébranlée dans sa confiance envers moi par des amies indiscrètes qui, pour vaincre sa répugnance à changer, me comparaient au Purgon de Molière, croyant peut-être qu'il vaut mieux mourir méthodiquement ou par un traitement à la mode que de guérir autrement, comme le dit aussi le même auteur comique, il est très-vraisemblable qu'elle aurait guéri, en revenant à temps au traitement dont un usage de quelques jours avait déjà opéré un changement si favorable; ce qui me le fait croire, c'est l'observation suivante qui bientôt après me donna lieu d'en constater de nouveau l'efficacité.

Observation II. Le 24 décembre 1815 je fus appelé rue Poissonnière, nº 10, pour Mme Beauchamp, âgée de 51 ans, dont le mari tient une boutique de librairie, boulevard Montmartre; cette dame, fortement constituée et corpulente, a depuis deux mois l'extrémité pelvienne gauche lourde, enflée et dure, avec des crampes dans la droite qui n'est pas enflée; la respiration courte, avec des hémorrhoïdes internes, une constipation habituelle, de la toux, le pouls lent, plein et tendu, le teint pâle et chargé, la langue nette, peu d'appétit, un mauvais sommeil qu'elle attribue aux crampes de la jambe droite et à la position contrainte que la jambe gauche la force de garder, à cause des douleurs et de la difficulté des mouvemens; elle a ses règles depuis huit jours, et ses urines sont encore assez abondantes. La malade me raconte qu'en novembre 1814 elle eut, après une suppression de règles d'environ deux mois, une hémorrhagie utérine qui dura à peu près cinq semaines, puis, durant l'usage d'une tisane de riz et de grande consoude, eut des intermittences de cinq à six jours, plus ou moins, et se reproduisait, tantôt forte, tantôt faible, pendant environ quinze jours. Elle a été six mois sujette à ces alternatives, et ensuite ses règles n'ont plus reparu qu'à peu près tous les mois, mais faiblement. Elle éprouve parfois dans la cuisse et la jambe gauches des douleurs internes vives et fugaces, comme si on y poussait des pointes de fer. Le mouvement y réveille aussi des douleurs, mais la pression avec la main et les doigts y est peu sentie ; la peau, y étant d'une dureté squirrhoïde, ne cède pas à la pression du doigt comme dans l'œdématie ordinaire, si ce n'est un peu aux parties les plus déclives. Il y a un mois qu'il lui vint des tumeurs ou ampoules grosses comme des amandes à l'extrémité malade, et comme elle s'occupe d'ordinaire à laver et à raccommoder des bas de soie, elle attribue ces tubercules à sa vie sédentaire, vu qu'ils disparaissaient en grande partie, lorsqu'elle marchait beaucoup.

Pour débarrasser le système veineux dont la plénitude prédomine celle du système artériel dans l'âge avancé, et rendre la circulation plus facile, je prescris à la malade dix sangsues à l'anus sans se mettre à la vapeur de l'eau chaude, une tisane de guimauve et de pariétaire avec sucre à volonté; chaque jour un lavement de décoction de graine de lin, avec addition d'un peu de savon, des fumigations de baies de genièvre, projetées sur de la braise ardente, à recevoir sous ses vêtemens.

Le 28, ses règles ne vont presque plus. D'ailleurs même état. J'ajoute aux moyens précédens, la mixture suivante, pour en prendre une cuillerée ordinaire de deux heures en deux heures, excepté durant la digestion des alimens : P. eau distillée de persil ℥ IV, éther de digitale pourprée ʒ ij, oxymel scillitique, sirop commun de chaque ℥ j.

Le 30 augmentation des douleurs et de l'enflure. La perte utérine n'a pas cessé entièrement.

Je supprime la potion diurétique du 28, fais ajouter un gros de terre foliée de tartre à chaque pinte de la même tisane, et faire quatre fois par jour des frictions avec une once du mélange suivant : P. sous-carbonate de potasse ℥ j; eau ℥ VIII, alcool de digitale pourprée ℥ ij, éther acétique ʒ ij. m. Pour remédier plus efficacement à la constipation, je fais aussi prendre à la malade, chaque soir pour se coucher, cinq pilules apéritives gommeuses ou antihystériques de la pharmacopée danoise.

Le 2 janvier 1816, cessation de la perte utérine, respiration plus libre, deux selles chaque jour, urines un peu plus abondantes, un peu moins de dureté et impression du doigt un peu plus marquée sur les parties les plus déclives de l'extrémité malade. — Continuation des mêmes moyens.

Le 6, moins de toux, de dyspnée, de gonflement et de dureté des parties malades; urines plus copieuses avec cinq ou six selles fétides et glaireuses chaque matin. Comme la malade se dégoûte de la tisane, je la remplace par une décoction d'orge perlé avec addition d'une poignée de baies de genièvre par pinte, sans autre changement dans le traitement.

Le 10, moins de progrès vers le mieux. La malade a, de son chef, discontinué l'usage de l'acétate de potasse dans la nouvelle tisane qui lui déplaît encore plus que la précédente. Elle n'a plus que trois ou quatre selles par jour. Je fais reprendre l'usage de la première tisane avec la terre foliée et tous les autres moyens prescrits en même temps.

Le 17, mieux plus marqué, teint plus clair, appétit meilleur et surtout moins d'enflure, quoique la malade ne puisse encore marcher ni rester long-temps levée. Elle dit n'avoir pas encore été aussi long-temps, depuis un an, sans avoir de perte utérine; ce qui confirme l'observation que j'ai faite itérativement, que la continuité ou le retour fréquent des hémorrhagies tient quelquefois à la plénitude ou à l'engorgement de quelque partie du corps, où la circulation est embarrassée, ayant réussi plusieurs fois par les purgatifs à faire cesser des pertes utérines rebelles et à soulager les douleurs hémorrhoïdales, en réglant le choix et l'action des évacuans sur le degré de sensibilité et de susceptibilité des malades. Voilà pourquoi, les pillules ne la purgeant presque plus, je les remplace par un des paquets de poudre suivans, à prendre dans une feuille d'hostie mouillée, chaque soir pour se coucher, en continuant tout le reste : P. poudre de rhubarbe, de sulfate de potasse, de chaque un gros; poudre de scille maritime, de calomélas, de chaque dix grains; le tout mêlé ensemble et divisé en cinq paquets.

Le 22, amélioraison très-marquée. La cuisse et la jambe gauche sont désenflées de plus de moitié et bien ramollies; la malade y éprouve des démangeaisons. Chaque paquet de poudre a procuré de quatre à cinq selles jaunes et glaireuses, mais avec coliques, ce qui m'engage à y substituer six des pilules précédentes, chaque soir pendant trois jours, avant de reprendre des mêmes poudres, sans autre changement dans les prescriptions.

Le 2 février, la malade me dit qu'ayant eu ses règles depuis ma visite du 22, après un mois d'intervalle, elle n'a continué que la tisane, sans que pour cela elle soit plus mal. Je lui prescris la même tisane, les frictions avec le même liniment, et chaque soir un paquet des dernières poudres.

Le 7, la malade me dit qu'ayant une diarrhée glaireuse et des coliques, elle n'a pris que deux fois des poudres prescrites, ce dont je la blâme en lui prescrivant de les continuer tous les jours sans interruption, ainsi que les autres moyens prescrits le 2. Elle ajoute qu'elle n'a plus de douleurs lancinantes dans l'extrémité malade, toujours moins enflée et plus ramollie; que, quand elle prend une fausse position, elle y éprouve beaucoup de prurit et une envie de se gratter continuellement, et que pour la première fois depuis six semaines, elle a pu faire le matin quelques pas dans la chambre, soutenue par son mari.

Le 11, le mieux se soutient, et comme les poudres purgent moins, je lui fais prendre chaque matin, trois heures avant le déjeuner, une des pilules suivantes, en continuant la poudre le soir et la tisane, sans frictions à cause du froid : P. calomel, poudre et extrait de scille maritime, de chaque un gros; poudre de feuilles de digitale pourprée, un demi-gros; gomme-gutte, douze grains, à mêler ensemble pour en former trente-six pilules roulées dans de la poudre de réglisse.

Le 16, madame, allant de mieux en mieux, marche dans ses appartemens, a trois petites selles par jour, et rend abondamment et souvent des urines épaisses. — Mêmes prescriptions, si ce n'est qu'après avoir achevé ses dernières poudres, elle prendra une pilule trois fois par jour.

Le 23, l'enflure est presque toute dissipée, mais la malade a des nausées avec anorexie, gonflement des gencives, afflux de salive dans la bouche, ce que la malade attribue à un ancien abcès qu'elle a eu à la tête; mais en jugeant moi-même autrement, je lui fais suspendre l'usage des dernières pilules, en remplaçant la tisane par du bouillon aux herbes, avec une once de sulfate de magnésie et un demi-grain d'émétique, à prendre dans la première tasse de ce bouillon le lendemain matin; puis chaque jour ensuite, pour se coucher, un des paquets suivans : P. poudre de rhubarbe, de sulfate de potasse, de chaque, un gros; poudre de feuilles de digitale pourprée, de bulbe de scille maritime, de chaque dix grains; poudre de muriate d'ammoniaque, un demi-gros; mêlés et divisés en cinq paquets.

Le 26, la malade a les gencives moins gonflées, et moins de salivation; elle dit que son émétocathartique l'a beaucoup purgée, sans la faire vomir, avant-hier et hier encore, et qu'elle a ses règles depuis la veille. — Tisane d'orge et de baies de genièvre avec terre foliée, telle qu'elle a déjà été prescrite, sans autre chose durant ses règles.

Le 28 mars, j'apprends que la malade n'a presque pas été réglée, et a repris depuis trois jours l'usage de ses dernières poudres, qui lui procurent deux ou trois évacuations alvines par jour. Mais elle tousse et se plaint un peu de la poitrine. Je lui prescris une infusion de fleur de violettes et de guimauve avec du miel pour tisane, tant qu'elle toussera; pour le lendemain, à jeûn, trois onces de manne et un gros de véronique mâle en infusion dans un verre d'eau bouillante, puis une des mêmes poudres pour chaque jour suivant.

Le 12, il n'y a plus de toux ni de douleur de poitrine, mais les règles ont reparu depuis hier, et il y a encore des tiraillemens avec un peu de gonflement dans l'extrémité de la partie malade, surtout au genou. Je lui fais prendre chaque soir cinq pilules apéritives gommeuses dans le dessein d'exciter ses règles et de la purger en même temps ; une tisane de pariétaire, et de baies de genièvre avec terre foliée et l'ancien liniment en frictions.

Le 16, tout va de mieux en mieux. La malade a eu trois ou quatre selles par jour; les règles vont encore, son teint est bon, et elle n'éprouve plus qu'un peu de raideur au genou de l'extrémité malade sans enflure marquée. — Mêmes moyens.

Le 20, elle se trouve bien, et se croirait guérie si elle n'avait un peu d'enflure au pied le soir. — Une poudre du 17 janvier chaque soir et une pilule du 11 février chaque matin avec la même tisane.

Le 26, la malade ne se plaint plus que d'un peu de tiraillement ou de fatigue, le soir, après avoir été levée et avoir travaillé tout le jour. Elle a mesuré ses jambes, et la gauche n'est qu'environ un demi-pouce plus grosse que la droite; mais elle dit qu'elle l'a toujours eue plus grosse et qu'elle avait l'habitude de se faire prendre mesure de souliers sur le pied gauche pour être moins gênée. Elle n'a plus de perte, dort et mange bien; ses poudres et ses pilules, dont elle prend les dernières aujourd'hui, ne la purgent presque plus. Pour prévenir la nécessité de revenir à un traitement ultérieur, je lui prescris du bouillon aux herbes et une médecine ordinaire pour le surlendemain.

Le 1er avril, elle me dit que sa médecine lui a encore fait rendre beaucoup d'humeurs mêlées de glaires, et qu'elle n'éprouve rien autre chose qu'un peu d'enflure au pied, quand elle se couche, après avoir travaillé tout le jour. — Même boisson et une autre médecine pareille.

Je lui fais ma dernière visite le 6 avril. Elle me raconte qu'elle est allée en ville chaque jour de la semaine pour ses affaires, et qu'elle n'a aucune peine de marcher; je ne la revois que le 31 mai bien portante. Sa guérison a été stable, n'ayant plus été malade jusqu'en 1823, époque où l'état de ma santé me força de quitter la capitale pour aller chercher le repos à la campagne. En rapportant les deux observations précédentes, je n'ai noté que les changemens dont j'ai pu m'assurer moi-même dans chacune de mes visites que je n'ai jamais trop rapprochées, tant pour laisser le temps d'agir à mes prescriptions, que dans la crainte de me faire soupçonner d'une assiduité intéressée chez les personnes peu aisées. Le traitement et la guérison de madame Beauchamp, par la longue et énergique stimulation des intestins sans y développer un seul symptôme de gastrite ou d'entérite, viennent à l'appui de mes précédentes observations, pour prouver que ces organes ne sont pas aussi disposés à devenir le siége primitif d'une inflammation, que le pensent nos crédules phlogomanes, avant que l'expérience et l'observation les aient détrompés.

Observation III. Le 22 décembre 1828, un cultivateur des envions de Charmes dans les Vosges, nommé Gérard, garçon, âgé d'environ 30 ans, vint me consulter, se plaignant de douleurs dans les mains et dans les bras, surtout dans le droit, et d'une sorte d'impotence qui fait qu'il a de la peine à s'habiller, avec diminution de l'appétit, quelques serremens de la poitrine, qui est cependant peu douloureuse, pouls fréquent assez petit, peau moite, sueurs faciles et journalières durant la nuit; cela lui est venu après des travaux fatigans suivis de sueurs souvent répercutées. — Une jatte d'infusion de fleurs de sureau avec un tiers de lait, à prendre tiède chaque soir pour se coucher, frictions sur les endroits douloureux, d'abord à sec avec de une flanelle, puis en se servant de la main seule, avec un liniment composé d'une demi-once de savon blanc, d'une once d'acétate d'ammoniaque, et de deux gros d'éther acétique; après trois jours de l'usage de ces moyens, prendre deux grains d'émétique en lavage dans du bouillon léger de veau.

Je ne le revis que le 8 janvier 1829. Il ne sent plus de mal dans le corps; il a les coudes des bras libres et dégagés, mais le dos de ses mains est enflé et dur jusqu'au poignet; il les ferme difficilement, et ne peut rien serrer ferme avec les doigts, quoiqu'il puisse encore s'en servir pour s'habiller et pour manger. Il a tout cessé après son vomitif, qui ne procura que deux vomissemens, sans revenir me voir plus tôt, comme si une seule prescription avait dû suffire pour le guérir. — Même tisane sans interruption, et au premier dégel, même vomitif; exposition des mains à la vapeur du genièvre en combustion sur de la braise, puis plus tard, s'il n'y a pas amélioration marquée, remplacer la vapeur sèche du genièvre par sa vapeur humide dans de l'eau bouillante.

Le 16 janvier, où je le rencontre par hasard à Charmes, il est mieux. Lui trouvant le pouls plein, je l'engage à se faire faire une saignée au bras de trois palettes, en continuant sa tisane et son liniment.

Il ne revient me voir que le 7 mars. Le dos de la main droite, plus enflé et plus dur, est surmonté d'une grosse pustule en forme de furoncle, qui tend à la suppuration. Il ne s'est pas fait saigner, parce que le chirurgien auquel il s'est adressé lui a dit qu'il faisait trop froid, en ajoutant que si la main venait à suppurer, elle guérirait, et qu'il fallait y mettre des cataplasmes de farine de graine de lin. Je lui fais un pronostic contraire, en lui annonçant que la suppuration contrarierait plus qu'elle ne favoriserait sa guérison. Je lui laisse continuer sur la main droite ses cataplasmes, qui paraissent adoucir son malaise; je lui conseille d'envelopper la gauche d'une flanelle imprégnée soir et matin de la vapeur de baies de genièvre, projetées sur de la braise ardente, en faisant usage d'une infusion de pariétaire et de fleurs de sureau.

Je le revois le 20 mars. Alors sa main droite, dont la pustule s'était ouverte, jetait des eaux rousses, sans diminution d'enflure ni autre amélioration; la gauche était un peu moins enflée, et il avait perdu l'appétit. Je lui prescrivis un grain d'émétique, mêlé avec une demi-once de sulfate de soude, à prendre dans quatre tasses de bouillon léger de veau, dont une de quart d'heure en quart d'heure, et ensuite l'usage journalier d'une tisane de racines de pissenlit et de réglisse, avec les mêmes topiques sur les mains.

Le 3 avril, il revient me montrer ses mains, toujours aussi enflées, aussi dures même autour du point de suppuration de la droite, et tellement gourdes qu'il ne peut plus les fermer ni s'habiller, ni même les remuer sans éprouver des douleurs dans l'articulation du poignet avec l'avant-bras. Il a cependant repris un peu plus d'appétit depuis son éméto-cathartique. Je conseille un liniment composé de vingt-quatre grains d'hydriodate de potasse, de dix grains d'acétate de morphine, et d'une once d'axonge, pour en frotter chaque soir la grosseur d'une noix sur l'une et l'autre main, en les recouvrant ensuite d'un linge.

Le 21, moins d'enflure aux mains, dont la gauche est cependant encore plus impotente. — Dix sangsues autour du poignet de la main gauche, même liniment, même tisane.

Le 12 mai, la main gauche, aussi impotente, est moins enflée; la droite l'est autant, et moins impotente que la gauche; leur mouvement réveille les mêmes douleurs dans leur articulation. Les sangsues ont produit une telle déplétion, qu'il a eu une faiblesse avec perte de connaissance. Il est affaibli, a de la somnolence, et dormirait toujours, s'il se laissait aller au sommeil. N'ayant personne pour se faire appliquer quinze sangsues que je lui prescris à l'anus, elles sont remplacées par une saignée du bras de trois palettes.—Liniment du 22 décembre, et si l'amélioration n'est pas marquée, profiter de la belle saison pour aller aux eaux de Plombières, où je pourrais le soigner, ou, s'il le préfère, à cause de la moindre dépense, aller à Bains, dont les eaux sont analogues, en s'adressant au docteur Bailly.

M'étant ensuite rendu à Paris, puis à Plombières, je ne revis le malade que le 23 d'octobre 1829, à Charmes, où le hasard me le fit rencontrer. Tabide il a perdu sa corpulence, autrefois assez marquée, et ressemble à un squelette ambulant. Il me raconte qu'il a été en juin à Bains, où il a bu et baigné pendant trois semaines, avec une amélioration marquée de sa santé; mais que de retour chez lui, après des suppressions de sueurs, il lui est survenu de la fièvre avec perte de l'appétit; qu'après une application de sangsues sur la région de l'estomac, conseillée par M. A., officier de santé, il mangea un peu plus, en digérant toujours avec peine. Il ajoute qu'il a froid dans le dos, qu'il sue beaucoup, surtout la nuit, que ses deux mains sont en suppuration, très-douloureuses au moindre mouvement, et qu'il ne peut plus s'en servir; que son appétit est encore perdu, et que ses digestions persistent à être pénibles. Son pouls est petit et fréquent. Je lui donne une recette pour six paquets, chacun de douze grains de poudre de rhubarbe, et d'autant de poudre de quinquina jaune, mêlés ensemble, pour en prendre un chaque soir en se couchant.

Je n'en reçois plus de nouvelles que le 5 mars 1830, où il me fait prier de l'aller voir. Il a continué, me dit-il, à recevoir les soins de M. A. et d'un autre médecin du voisinage, qui, l'ayant condamné, ne lui font plus prendre que du sirop de guimauve ou de gomme avec de l'eau tiède. Il n'a plus que la peau sur les os, tousse et crache beaucoup; ses deux mains, entièrement paralysées et en grande suppuration, rendent une sanie fétide; il a le pouls petit et fréquent, la peau chaude, un redoublement de fièvre, depuis midi jusqu'à cinq ou six heures du soir, pendant lequel il est presque impossible de le réchauffer; il lui revient de la chaleur la nuit, qui le matin est suivie de sueurs, et alors il se trouve moins mal. Une inspiration que je lui fais faire excite de la toux et des douleurs dans la poitrine. Tous ces symptômes, qui annoncent la complication d'un catarrhe pulmonaire, avec l'affection des mains, sont accompagnés d'une induration de l'épigastre, qui se présente au toucher comme un fort cuir tanné, effet présumable et trop ordinaire de la constante application des topiques chauds que lui avait conseillés M. A., pour une gastrite réelle ou imaginaire dans le principe, application qui, trop prolongée, est, je crois, souvent nuisible, et d'autant plus séduisante pour les malades, qu'elle les soulage comme ferait l'opium en d'autres cas, tout en aggravant et en éternisant le mal par la congestion sanguine et humorale, qu'elle détermine sur l'organe en souffrance. Une légère pression, en palpant le malade, excite de vives douleurs dans la région épigastrique, ainsi que dans les hypocondres, qui sont un peu moins durs. Son moral est fortement ébranlé, et il voudrait m'arracher l'aveu qu'il n'y a plus de guérison à espérer pour lui. Je le rassure de mon mieux, en lui disant qu'il est trop faible pour supporter des médicamens, et en lui indiquant le régime qui me paraît le plus propre à retarder la déperdition de ses forces et à soulager ses maux. J'ai appris qu'il était mort cinq ou six semaines après, sans que je l'aie revu.

Observation IV. Je fus appelé, le 2 juillet 1829, à diriger madame Sonnois, autrement dite sœur Thérèse, religieuse de Langres, que le docteur Robert avait envoyée à Plombières, où je me rends tous les ans dans la saison de l'usage des eaux thermales, depuis que j'ai quitté la capitale, à la fin de 1823. Cette dame, âgée de 42 ans, fortement constituée, mais exposée par ses fonctions d'économe de sa maison, à de fréquens courans d'air et à des suppressions de la transpiration insensible, à l'arrivée des fermiers et de toutes les provisions, est affectée d'un endurcissement avec bouffissure ou enflure de la peau du visage, des mains et des jambes, où la pression avec le doigt ne laisse point de dépression. Je lui prescris un bain d'une heure dans l'eau thermale, à 28 degrés de Réaumur, et durant le bain, trois verrées de la boisson de cette même eau, prise au goulot où elle est à 41 degrés, au bain des dames, qui est le plus à sa proximité, en prenant chaque verrée à la distance d'un quart d'heure l'une de l'autre, plus ou moins, selon le temps que l'eau mettra à passer ou à se digérer, et avec l'attention de se recoucher immédiatement après le bain dans un lit bassiné, en y restant une heure ou plus, pour ne pas interrompre la moiteur ou la sueur, s'il en vient.

Le 5, il y a déjà diminution marquée de la dureté et de l'enflure. Mais l'éruption des règles me détermine à ne lui faire continuer que la boisson dans sa chambre jusqu'au 8 où les règles cessent, et où elle reprend les bains et la boisson comme auparavant : mais le 9 la dyspnée avec visage rouge, pouls dur, jambes lourdes, indique le besoin d'une saignée, que je lui fais d'environ quinze onces au bras, n'en voulant pas manquer l'à-propos, parce qu'étant pratiquée trop long-temps après la cessation des menstrues, ou peu avant leur éruption, elle peut en supprimer ou en déranger le cours, comme je l'ai observé plus d'une fois. Son sang forme un caillot considérable et très-compacte, adhérent au bord du vase qu'il remplit comme à la sortie de la veine, sans couenne, et avec une petite quantité de sérum qui surnage. Le 14, au bain, que je fais graduellement durer deux heures, et à la boisson, que j'augmente successivement jusqu'à six grands verres, j'ajoute l'usage de la douche ascendante pour obvier à la constipation que produit fréquemment l'usage des eaux, ainsi que celui de la douche descendante sur les pieds et les mains. Mais celle-ci m'ayant paru nuire au lieu de profiter, probablement en exposant le reste du corps à l'impression du froid, j'y substitue l'étuve pendant un demi-quart d'heure pour le 16 et les jours suivans. L'amélioration se manifesta de plus en plus jusqu'au 24, où je conseillai sur les mains une douche d'un quart d'heure sans étuve, et le lendemain une étuve sans douche, et ainsi de suite alternativement. Le 26, la boisson pèse et passe moins vite, la langue est saburrale avec moins d'appétit, ce qui indique le besoin d'une purgation, que je fais consister, pour le 27, en une once de sel de Seidlitz, fondu dans un verre d'eau du crucifix, qui est à 40 degrés R., pour prendre en une fois, en buvant encore après trois ou quatre verrées de la même eau à diverses intervalles, puis du bouillon de veau léger aux herbes. Il en résulte d'abondantes évacuations alvines. Le 28, la malade reprend l'usage précédent des eaux thermales. Le 29, nouvelle éruption des menstrues, qui ne permet de continuer que les six verres de boisson. Le premier août elle reprend tous ses exercices thermaux comme auparavant. Quoique le mieux se soutienne et se prononce de plus en plus, la peau de son visage étant rouge et ne s'assouplissant pas suffisamment, je lui prescris l'application au cou, de 12 sangsues, six de chaque côté, après une douche ascendante, une heure de bain seulement et quatre verrées d'eau thermale, prises durant le bain. Le 4, la langue est chargée avec bouche fade, dégoût pour les alimens et la boisson; pour dissiper cette saturation pléthorique, je lui prescris pour le lendemain la purgation du 27 juillet. Elle put après cela reprendre les mêmes exercices thermaux. Son amélioration continua à faire des progrès jusqu'au 11 août, où elle partit avec le dessein de passer quelque temps à la campagne, chez un parent. Sa guérison n'était pas achevée, mais elle était très-avancée, et il ne lui restait que très-peu d'enflure sans dureté marquée de la peau. Je lui recommandai le plus grand soin contre l'impression du froid et le refoulement de la transpiration insensible par les courans d'air, vu qu'à Plombières même, ces causes avaient toujours paru contrarier la cure, et que la malade ne se trouvait jamais mieux qu'après des sueurs abondantes au sortir du bain et de l'étuve, dont elle n'était pas fatiguée d'abord, et ne le fut que peu à la fin. D'ailleurs l'observation a prouvé que l'impression du froid est la cause la plus probable de l'endurcissement cutané des nouveau-nés, ainsi que du radesyge de Norwège, qui ont tant de rapports de similitude avec l'œdème squirrhode (1).

Je crois devoir faire sur les deux dernières observations quelques réflexions relatives à l'usage et aux effets des eaux thermales de Plombières et de Bains qui se ressemblent, avec cette seule différence que celles de Bains sont moins chaudes, par cela même moins minéralisées et

(1) C'est par une faute d'impression que l'on trouve *radezyge*, page 487 et ailleurs de mon traité *De l'Imagination*, imprimé en 1829 : il faut *radesyge*, que l'on prononce *radesugue* en danois, d'où est tiré ce terme, de *rade*, qui signifie mauvais ou de mauvais caractère, et de *syge*, qui veut dire maladie. C'est l'éléphantiasis ou la lèpre du Nord, maladie d'un très-mauvais caractère en effet, puisqu'elle finit par amener le détachement et la perte des membres l'un après l'autre, par la suppuration. Comme c'est moi qui, le premier, l'ai fait connaître en France par une notice insérée dans le tome xxv, page 129, du *Recueil périodique de la Société de Médecine de Paris*, j'ai cru devoir saisir l'occasion de rectifier une graphie contraire à celle de ma première notice et à l'étymologie.

moins actives que celles de Plombières ; ce qui n'empêche pas que mes réflexions sur celles-ci ne puissent s'appliquer à celles-là, si l'on ne perd pas de vue qu'il ne résulte de leurs différences, qu'une action médicale plus ou moins prompte. Les eaux de ces deux établissemens ne sont pas sulfureuses, comme l'ont cru long-temps plusieurs médecins, et comme le croient encore quelques-uns. D'après l'analyse du célèbre Vauquelin, une livre d'eau de Plombière donne :

1° Carbonate de soude.	1 grain	1/12
2° Sulfate de soude.	1 —	1/6
3° Muriate de soude.	0 —	5/8
4° Carbonate de chaux.	0 —	1/4
5° Silice.	0 —	2/3
6° Matière animale ou bitumineuse.	0 —	13/24

On voit qu'elles sont peu minéralisées, que, sous le rapport des quantités, c'est le sel de Glauber qui y prédomine, à la vérité de très-peu de chose, sur le carbonate de soude ; mais que, par rapport à l'action médicale, ce dernier, beaucoup plus actif que le premier, doit l'emporter, et il manifeste sa présence beaucoup plus éminemment que tous les autres principes dans l'eau thermale, qui verdit les couleurs bleues, telles que le papier de tournesol, le sirop de violettes, etc. Je me bornerai à quelques considérations générales, en renvoyant pour plus de détails au *Traité des maladies chroniques*, etc., publié en 1803 par le docteur Martinet, qui laisse peu à désirer sur les propriétés et l'administration des eaux de Plombières, quoiqu'un jeune agriculteur, devenu officier de santé à l'aide de quelques notions de l'art vétérinaire, et du catéchisme de M. Broussais, ait prétendu que cet ouvrage a vieilli, peut-être parce que ses connaissances médicales ne le mettent point en état d'en apprécier le mérite, ou parce qu'il a cru relever par là l'importance d'un petit travail de sa façon, calqué sur les principes ou plutôt sur les erreurs de la phlogomanie moderne. Il n'y a que ceux qui font la médecine par routine, ou par inspiration, qui puissent ignorer que les bonnes observations, et les inductions rigoureusement déduites des faits observés ne vieillissent jamais, pas plus que *deux fois deux font quatre.*

Remarquons d'abord qu'il y a dans nos eaux trois principes différens d'action médicale, la chaleur, les sels ou les minéraux, et l'élément liquide, qui leur sert de véhicule. Le premier de ces principes, dont la propriété la plus marquée est de dilater et de raréfier les substances qu'il pénètre, ne peut convenir qu'aux maladies chroniques; et point aux maladies inflammatoires qui empirent aussi par la qualité opposée, ou le froid brusquement appliqué; mais ces deux termes n'expriment que des modifications relatives de notre sensibilité; en sorte qu'une cave ou une glacière qui nous paraissent froides en été, lorsque nous y entrons en sueur, produisent un sentiment contraire en hiver, à une température pareille ou même plus abaissée, lorsque nous avons froid. La première indication à tirer de là, c'est que la température des eaux thermales, en bains et en boisson, doit être variée et modifiée selon les affections et la susceptibilité de ceux qui en font usage, et qu'en les administrant routinièrement de la même manière à tous les baigneurs, il en résulte que plusieurs s'en trouvent mal, ou ne s'en trouvent pas bien.

Le principe minéral ou salin dont la propriété la plus générale est la stimulation ou l'excitation des surfaces vivantes, avec lesquelles il se trouve en contact, convient encore dans les affections chroniques, les débilités de l'estomac, les langueurs, les embarras, les engorgemens atoniques, et, par une propriété dissolvante, moins générale et plus particulière aux sels alcalins qu'aux acides et aux sels neutres, il combat aussi avantageusement l'épaississement des humeurs blanches et visqueuses du corps animal, tel que celui de la lymphe, des glaires, des mucosités, du sang, etc.; ce qui est mis hors de doute par les expériences chimiques des laboratoires, aussi bien que par l'observation médicale sur l'économie animale.

Le véhicule aqueux des deux principes précédens a pour propriété principale de détendre et d'assouplir les parties rigides et desséchées, en les pénétrant plus ou moins, surtout à l'aide de la chaleur ou du principe raréfiant; et son action, modifiée par les deux autres principes, le rend très-propre à combattre les maladies de la peau, les douleurs locales produites par les crispations nerveuses, les rhumatismes, de même que les flux blancs ou atoniques de l'utérus, de l'urètre, du canal intestinal, et même le catarrhe des bronches, pourvu que dans ce dernier cas la boisson ait à peine de la chaleur et soit coupée avec du lait, et que le bain, toujours très-tempéré, ne monte pas jusqu'à la poitrine, parce que les bains entiers et les bains chauds sont contraires, lorsque cette cavité ou la tête sont le siége idiopathique de l'affection à guérir.

La connaissance de l'action médicale de ces trois principes ne suffit cependant pas sans l'observation, pour approprier l'usage des eaux thermales minérales au besoin de chaque malade, parce qu'il résulte de leur réunion une action mixte et complexe qui peut laisser trop d'empire à celui qui est secondé dans sa tendance par l'idiosyncrasie individuelle, par exemple, à la chaleur, dans les maladies inflammatoires et nerveuses; aux sels, quand les tissus et les couloirs où ils sont appliqués se trouvent dénudés d'épiderme, de mucus, ou sont déjà surexcités ; à l'humide, quand les tissus sont déjà abreuvés et relâchés par des amas d'eau, de glaires, de lymphes en stagnation, comme cela arrive dans les hydropisies, les engorgemens chroniques, les plénitudes saburrales des premières voies qui empêchent l'absorption du chyme, etc. Concluons de ces considérations générales qu'il faut connaître les besoins physiologiques de l'économie animale, et avoir observé sans prévention ni système préconçu l'effet des eaux sur divers sujets, et dans diverses circonstances variées, pour en bien diriger l'emploi.

On modère l'action du premier principe par la saignée, le régime végétal, la diète lactée et humectante. On modifie l'action du second par l'addition dans l'eau que l'on boit, du lait, du petit lait, des sirops adoucissans, d'une décoction ou infusion de plantes mucilagineuses, aromatiques ou amères. Enfin on neutralise l'effet relâchant du principe humide par des purgatifs, des diurétiques, ou des additions de terre foliée de tartre, ou d'une petite dose de sel neutre. Mais il ne faut pas employer ces correctifs de la boisson sans une nécessité bien manifeste : on n'en doit user qu'avec la plus grande réserve, et rarement de prime abord; car autrement, au lieu de favoriser, on pourrait contrarier l'action des eaux minérales, dont l'usage est le motif et le but du déplacement des baigneurs. L'essentiel est de bien saisir les indications qui se présentent, et, faute de savoir le faire, il arrive que nos jeunes médecins interdisent mal à propos la boisson des eaux à leurs malades, et même qu'ils substituent aux bains thermaux ceux d'eau ordinaire chauffée à la cheminée des particuliers, tandis qu'il suffirait, pour approprier les premiers aux besoins des malades, d'une addition de son enfermé dans un linge, d'une petite quantité d'amidon, d'un peu d'acide sulfurique ou autre, qui, en neutralisant le principe alcalin, rendrait à peu près à l'eau thermale la propriété de l'eau commune : on pourrait même ajouter au bain un gros, plus ou moins, d'acétate de plomb, pour le rendre sédatif, comme le fait avantageusement le docteur Nauche pour les bains ordinaires à Paris. Quant à la température, on en règle le degré à volonté par le refroidissement spontané ou par l'addition de l'eau dite savoneuse, à cause de son onctuosité. Mais il faut moins d'études, et il est plus commode d'interdire ou de supprimer l'usage d'une chose, que de trouver le moyen de l'utiliser, quoiqu'il ne soit guère satisfaisant pour les malades et les médecins, qui les envoient chercher leur guérison aux bains thermaux, de n'y avoir pris que ceux qu'ils pouvaient avoir chez eux sans déplacement, à moins que leur voyage n'ait pour motif que la distraction des affaires.

Il est donc bien important qu'un médecin soit instruit, et ne soit imbu d'aucun système exclusif pour l'administration des eaux thermales, qui guérissent, non par elles-mêmes, mais par l'action médicale qu'on sait leur faire produire. Une erreur assez commune parmi les médecins, c'est de croire qu'ils peuvent tracer d'avance aux malades qu'ils envoient aux eaux la manière dont ils devront en user, sans le secours d'un médecin qui puisse en observer les effets sur les lieux, parce qu'il survient des épiphénomènes qui forcent d'en cesser l'usage, ou le rendent inutile et parfois nuisible, comme j'en ai été plusieurs fois témoin. C'est l'histoire d'un maître qui avait donné par écrit à son domestique la liste de tous ses devoirs avec défense de rien faire de plus sous peine de punition, et qui, s'étant ensuite laissé tomber dans un fossé à la promenade, faillit y périr, parce que son valet ne trouvant rien sur sa liste pour cet accident, n'osait l'en retirer. Ainsi il arrive souvent qu'après avoir pris des bains trop chauds, ou après des écarts de régime, des suppressions brusques de la transpiration, un malade aura besoin d'une saignée qu'il néglige; et de là le danger d'un coup de sang, l'impossibilité de continuer l'usage des eaux, le danger d'une suffocation s'il prend l'étuve, des douches trop fortes, trop près de la poitrine ou de la tête, etc. Un autre prend, jusqu'au cou, des bains qui augmentent ses pesanteurs et ses maux de tête, la difficulté de respirer, etc.; puis il quitte les eaux qu'il croit malfaisantes, en pestant contre elles et contre tous les médecins; ce qui ne serait pas arrivé s'il n'avait pris que des demi-bains, s'il avait remédié à la constipation par la douche ascendante, ou s'il n'avait pris la descendante que sur les extrémités inférieures, etc.; mais tout cela n'était pas sur la liste ou la direction qui lui avait été donnée au départ, ou dans le catéchisme médical du doucereux et maniéré Esculape auquel il s'est adressé en arrivant. Un autre encore perd l'appétit, la boisson le rebute, il s'affaiblit, a la bouche amère avec goût fade, épigastralgie, mauvais sommeil, et il ne digère plus; ce à quoi une purgation aurait remédié en assurant sa guérison; mais son médecin lui a bien défendu de se purger, parce que cela ramènerait une gastrite qu'il n'a pas eue, ou parce que cela est contraire à la bonne médecine moderne, et le voilà qui s'en retourne aussi tout contrit d'un voyage et d'une dépense qui n'ont abouti qu'à le rendre plus malade. Il se peut encore que quelques-uns arrivent aux eaux avec des préventions contre la boisson des eaux thermales, des eaux gazeuses, telles que celles de Bussang et autres dont l'usage peut être utilement associé à celui des eaux de Plombières, et de là résultent des entraves à leurs guérison, etc.

Dans les deux dernières observations que j'ai rapportées, on a remarqué que les eaux minérales thermales avaient produit des effets curatifs très-marqués. Mais si leur action n'avait été secondée par deux saignées et par deux additions de sel de Glauber à l'eau du crucifix, pour madame Sonnois, je suis persuadé qu'elle n'aurait pu en continuer l'usage, qu'elle n'aurait pas éprouvé d'amélioration marquée, et que même il aurait pu lui survenir une hémorrhagie, un coup de sang, ou subséquemment plus d'enflure et de dureté de la peau, puisque nous avons vu tout cela résulter de la plénitude humorale, sanguine et saburrale, dans les deux premières observations.

Quant au cultivateur Gérard, nulle doute qu'il n'eût éprouvé de meilleurs effets des eaux thermales de Bains, s'il eût été purgé sur les lieux et à son retour, et peut-être même aurait-il dû être saigné durant l'usage des eaux. Il avait tellement besoin de déplétion, qu'une application de sangsues sur l'épigastre, après son retour des eaux, lui rendit un peu d'appétit, et je crois, d'après les effets curatifs, obtenus chez les sujets des deux premières observations par les purgatifs et les diurétiques, qu'il aurait pu être guéri aussi par l'usage réitéré des mêmes moyens, surtout en y joignant des précautions contre le refoulement de la transpiration insensible. L'on pourra peut-être m'accuser de trop insister sur l'emploi des déplétifs dans l'œdème lymphatique, et ce reproche me paraît si naturel, que je me le ferais moi-même, si je n'y avais sans cesse été ramené par leurs bons effets, et que la guérison radicale ne s'en fût pas suivie chez le sujet de la seconde observation à qui je les avais le plus prodigués, parce que la maladie, datant d'une plus longue époque, était plus enracinée et plus opiniâtre. Toute ma justification, si j'en avais besoin, serait dans l'adage *A juvantibus et lædentibus fit indicatio.*

Je dois craindre aussi d'être accusé de manquer de concision, et d'être entré dans trop de détails et dans des longueurs ennuyeuses, surtout dans les deux premières observations; ce qui serait vrai si, par la première, je n'avais voulu faire connaître dans ses élémens, ses progrès, ses métaptoses, sa recrudescence et sa terminaison une maladie qui, je puis le dire, est généralement peu connue. Ce qui le prouve, c'est que le savant professeur Chaussier paraît lui-même n'en avoir pas eu une connaissance bien exacte, puisque dans sa consultation il ne l'a désignée que sous la dénomination bien vague d'*engorgement compacte et douloureux*, et que, d'ailleurs ses moyens de guérison, qui n'ont pas même paru en ralentir les progrès, trahissent, par leur multiplicité et leur variété, son incertitude sur le traitement, qui est toujours plus simple et plus spécial pour des maladies bien connues. Nous verrons plus tard qu'un auteur du premier ordre qui caractérise cette maladie d'une manière précise et exacte, n'indique encore rien de spécial pour sa guérison. La seconde observation ne pouvait être tronquée non plus, destinée qu'elle est à faire connaître comment la maladie en question peut être guérie, et combien il faut de persistance, tant de la part du malade que du médecin, pour y réussir. Les deux autres observations n'ont que la longueur de leur importance qui est beaucoup moindre.

Observation V. Sur un engorgement de l'utérus qui simulait le carcinome, et qui, produit par une cause semblable à celle de l'œdème squirrhode, m'a paru n'en différer que par la nature de l'organe affecté.

Le 31 mars 1813, madame Daumy me fit demander pour Joséphine, sa femme de chambre, âgée d'environ 40 ans, petite avec taille difforme, mère de deux enfans et mal réglée. Elle éprouve des douleurs dans l'hypogastre, et depuis un mois les douleurs sont si vives et si continues, qu'elle en a perdu le sommeil et l'appétit. En la palpant et en la touchant, je trouve la matrice très-gonflée, dure et très-sensible, surtout à l'orifice et au col, mais sans inégalités ni bosselures bien marquées. La malade qui vaque encore, mais bien péniblement, à ses occupations, est accablée et sans force, a le teint chargé et très-mauvais, le pouls petit, dur et enfoncé, la langue nette. Je lui prescris 10 sangsues à l'anus à mettre le même jour; pour le lendemain, une once de crême de tartre simple à prendre brouillée et suspendue dans un demi-verre d'eau fraîche, en buvant quelques tasses de thé tiède ensuite pour la dissoudre dans l'estomac, puis une tisane de racines de pissenlit et de chiendent, et un vésicatoire à la partie interne d'une cuisse.

Le 3 avril, les douleurs, déjà fort adoucies par les sangsues, ont presque cessé entièrement après l'effet de la crême de tartre, qui a produit trois selles. La malade a dormi et dit qu'elle se trouve comme en paradis; cependant l'appétit et les forces ne reviennent pas, ce qui dénote que la nutrition se fait mal. — Même tisane avec addition de fleur de camomille romaine, que la matricaire remplace presque généralement à Paris, et même purgation avec la crême de tartre pour le lendemain.

Le 6, Joséphine n'éprouve plus de douleur; son teint et son sommeil se sont améliorés, mais les forces et l'appétit sont encore presque nuls. La crême de tartre ne l'a purgée qu'une fois. Je lui prescris une demi-once de feuilles de séné, autant de tartrate de potasse et un demi-gros d'écorce de cassarille en infusion dans quatre onces d'eau bouillante, avec une demi-once de sirop de limons dans la colature à prendre le lendemain, puis du bouillon d'herbes.

Le 9, Joséphine me dit qu'ayant eu huit selles le 7, et encore plusieurs le 8, elle se trouve fatiguée, mais qu'elle ne souffre plus et que son appétit et son sommeil sont bien revenus. Je lui fais continuer son bouillon d'herbes, et entretenir son vésicatoire dans l'attente de ses règles, dont c'est l'époque. Je ne la revois que le 20, où elle me dit qu'elle vient d'être réglée abondamment. Elle a bon teint, bon sommeil et bon appétit; ses forces reviennent, et elle dit ne plus se ressentir de rien. Je lui conseille de ne laisser tarir son vésicatoire qu'un peu plus tard. Ayant continué à donner mes soins à ses maîtres, je l'ai vu jouir d'une bonne santé les années suivantes.

Ayant rencontré d'autres cas analogues, j'en

ai toujours obtenu la guérison par des saignées, répétées au besoin, puis des purgatifs joints aux diurétiques et à un régime tempérant. Je suis très-porté à croire que les carcinomes et les ulcères de la matrice ne sont, dans le principe, qu'une congestion humorale sur ce viscère, dont on obtiendrait plus souvent la guérison, si on en plaçait moins exclusivement la cause dans le sang, et qu'en s'occupant un peu plus des changemens ou de la diathèse opérés dans toutes les humeurs aussi bien que dans les solides, on faisait succéder à la saignée les eccoprotiques et les hydragogues. Comment révoquer en doute l'utilité des évacuans d'après les bons effets qu'ils ont produits chez les malades de trois observations que je viens de rapporter, même chez Joséphine, quoique sa langue ne fût pas chargée, et que rien n'annonçât un embarras d'estomac? Ces médicamens ne sont-ils pas d'ailleurs indiqués par le changement qui s'opère dans les traits, le teint et la couleur de la peau, qui devient ordinairement terrée et jaune chez les femmes atteintes de carcinomes, de même que par la dépravation de leur appétit et le dépérissement de leurs forces? On veut que toute la maladie dépende d'une altération de ton, de cohésion, de volume, d'irritabilité, de sensibilité, de susceptibilité, d'action, d'aptitude et de tout autre vice que l'on suppose et imagine dans les organes, sans réfléchir qu'ils sont essentiellement réparés et modifiés par la qualité des alimens, du chyle, du sang, de la lymphe et des humeurs en général, et qu'en n'accordant à celles-ci aucune considération dans le traitement, on risque fréquemment de négliger la cause d'un désordre pour n'en combattre que les symptômes les plus indifférens. Je crois que l'on préviendrait le plus grand nombre des affections de l'utérus, si la prévention en faveur du solidisme et d'un système de phlegmasie trop exclusifs, ne faisait souvent prendre le change sur les causes et le traitement de ces affections, dont on restreint si souvent la médication dans l'emploi des sangsues, des stimulans cutanés, des tisanes inertes et d'une privation d'alimens trop absolue, sans qu'il y ait de dégoût ni de dyspepsie, moyens qui sont tous purement palliatifs, quand ils ne sont pas nuisibles, en produisant l'épuisement de la vitalité, l'atonie des solides par suite de l'impossibilité des excrétions, de l'assimilation et de la nutrition régulière qui doit soutenir tout l'organisme.

Il est vrai que des femmes ont quelquefois été guéries par l'ablation de la partie malade de l'utérus, entre les mains des professeurs Osiander, Récamier, etc.; tandis que d'autres ont succombé à l'opération ou à un retour de l'affection utérine. Je crois que l'on pourrait prévenir plusieurs rechutes, en associant convenablement les moyens médicinaux aux opérations chirurgicales, et que ces dernières ne suffisent à la guérison, qu'en produisant par l'hémorrhagie et la perte blanche qui leur succèdent, un dégorgement complet; ce qui ne peut avoir lieu que pour les carcinomes les moins anciens, ou lorsque la diathèse humorale n'est pas encore trop généralement altérée et viciée. Si ceux qui ne veulent de la médecine humorale dans aucun cas, ou qui, médecins exclusivement hirudinaires, la restreignent à une soustraction réitérée du sang de leurs malades, avaient à combattre sur eux-mêmes ou sur un de leurs proches les plus chers une apoplexie, une pneumonie avec tendance à l'hépatisation, une hépatalgie avec obstructions, une hydropisie, une jaunisse, etc., je doute fort qu'ils tentassent d'en obtenir la guérison sans le secours d'une déplétion variée et adaptée aux indications principales, dussent-ils, pour ne pas déshériter l'erreur de leur suffrage, dissimuler leur conversion, en changeant le nom des choses, comme Rasori qui a adopté celui de contro-stimulus, pour revenir aux stimulans, aux déplétifs et aux dérivatifs, internes et externes, lorsque trop d'insuccès l'eurent désenchanté du Brownisme. Il en est beaucoup qui, tout en s'insurgeant contre l'humorisme pour se mettre à l'unisson avec leurs paires, lui paieront un jour le tribut de la nécessité, comme celui qui ne pouvait s'empêcher de marcher tout en niant le mouvement.

Malgré le peu d'importance que nos médecins phlegmasiques attachent à l'autorité des anciens praticiens, parce qu'ils n'estiment pas ceux qui leur sont inconnus, je ne puis m'empêcher, pour suppléer à ce que je puis laisser à désirer, principalement sur l'étiologie que je n'ai pas eu l'occasion d'éclairer par la nécropsie, de terminer mon mémoire par le passage suivant d'un de mes anciens professeurs de Copenhague, dont la réputation est plus qu'européenne, et dont M. Richerand n'a pas dédaigné les ouvrages pour enrichir son traité de chirurgie.

XLI. Œdema lymphaticum, dit le célèbre Callisen (*Systema chirurgiæ hodiernæ, pars poster.* p. 21 *Hafniæ* 1800) est tumor diffusus, durus, frigidus, pallens, indolor, a pressione digiti, nisi fortior fuerit pressio, nullam foveam admittens, a situ partis tumidæ parum mutabilis, extremitatibus inferioribus, unæ vel utrique maxime, rarius superioribus, rarissime aliis partibus infestus, ab effusione materiæ lymphaticæ, gelatinosæ in membrana cellulosa exortus.

XLII. *Incipit* morbus sub forma œdematis

genuini serosi, induratur sensim pars adfecta, inde œdema scirrhodes nonnullis salutatur, atque in ingentem atque monstruosam molem increscit; rumpitur denique cutis, seu a stimulo extensionis in inflammationem subit, seu secedit epidermis, undè ulcera mala, sordida, absque tumoris diminutione, et ægroti denique tabidi pereunt. *Causa* morbi in generalibus œdematis causis (XXV) et peculiari alteratione liquidi lymphatici serosi consistere videtur, cujus parte tenuiore dissipata, gelatina cellulis impacta restat.

XLIII. *Therapia* morbi incipientis eæ est similis, quam sub œdematis genuini curatione (XXVIII) exposuimus. Puncturæ et scarificationes nullum plane liquidum educunt, sed ulceribus malignis ansam dant; neque fasciæ parti tumidæ injectæ hic cum securitate adhibentur. Morbo incipienti maxime occuritur frictionibus, balneis tepidis, vaporosis, electricitate, potu copioso incidente, et mercurii externo internoque usu. Malum inveteratum omnem plerumque medelam respuere solet. In cadaveribus hoc morbo defunctorum, omnes cellulas partis adfectæ gelatinæ impletas observavimus, absque systematis glandulosi ulceratione.

FIN.

www.ingramcontent.com/pod-product-compliance
Lightning Source LLC
LaVergne TN
LVHW020419230826
846091LV00004B/1331

* 9 7 8 2 0 1 6 1 9 7 2 9 5 *